Coleção Eu gosto m@is

CÉLIA PASSOS

Cursou Pedagogia na Faculdade de Ciências Humanas de Olinda – PE, com licenciaturas em Educação Especial e Orientação Educacional. Professora do Ensino Fundamental e Médio (Magistério) e coordenadora escolar de 1978 a 1990.

ZENEIDE SILVA

Cursou Pedagogia na Universidade Católica de Pernambuco, com licenciatura em Supervisão Escolar. Pós-graduada em Literatura Infantil. Mestra em Formação de Educador pela Universidade Isla, Vila de Nova Gaia, Portugal. Assessora Pedagógica, professora do Ensino Fundamental e supervisora escolar desde 1986.

VOLUME 1
EDUCAÇÃO INFANTIL

3ª edição
São Paulo
2020

LINGUAGEM

Coleção Eu Gosto M@is
Educação Infantil – Linguagem – Volume 1
© IBEP, 2020

Diretor superintendente Jorge Yunes
Diretora editorial Célia de Assis
Assessoria pedagógica Mariana Colossal
Edição e revisão RAF Editoria e Serviços
Produção editorial Elza Mizue Hata Fujihara
Assistente de produção gráfica Marcelo de Paula Ribeiro
Estagiária Verena Fiesenig
Iconografia IBEP
Ilustração Bruna Ishihara, Eunice – Conexão Editorial, Fábio – Imaginário Studio, João Anselmo e Izomar, Luyse Costa
Projeto gráfico e capa Aline Benitez
Ilustração da capa Box&dea
Diagramação Nany Produções Gráficas

3ª edição – São Paulo – 2020
Todos os direitos reservados

CIP-BRASIL. CATALOGAÇÃO NA PUBLICAÇÃO
SINDICATO NACIONAL DOS EDITORES DE LIVROS, RJ

P32e
3. ed.
v. 1

Passos, Célia
  Eu gosto mais : linguagem : educação infantil, volume 1 / Célia Passos, Zeneide Silva. - 3. ed. - São Paulo : IBEP, 2020.
  : il. (Eu gosto m@is ; 1)

  ISBN 978-85-342-4258-5 (aluno)
  ISBN 978-85-342-4259-2 (professor)

  1. Educação infantil. I. Silva, Zeneide. II. Título. III. Série.

20-64512
CDD: 372.21
CDU: 373.2

Meri Gleice Rodrigues de Souza - Bibliotecária CRB-7/6439
17/05/2020   22/05/2020

Impressão e Acabamento
Oceano Indústria Gráfica e Editora Ltda
Rua Osasco, 644 - Rod. Anhanguera, Km 33
CEP 07753-040 - Cajamar - SP
CNPJ: 67.795.906/0001-10

Rua Gomes de Carvalho, 1306 – 11º andar – Vila Olímpia
São Paulo-SP – 04547-005 – Brasil – Tel.: (11) 2799-7799
www.ibep-nacional.com.br

MENSAGEM AO ALUNO

QUERIDO ALUNO, QUERIDA ALUNA,

QUE MARAVILHA SABER QUE VAMOS TRABALHAR JUNTOS DURANTE TODO ESTE ANO!

A COLEÇÃO **EU GOSTO M@IS** FOI FEITA PARA CRIANÇAS COMO VOCÊ.

ESCREVEMOS ESTE LIVRO COM MUITO CARINHO E ESPERAMOS QUE VOCÊ DESCUBRA E CONHEÇA AINDA MAIS O AMBIENTE EM QUE VIVE.

CUIDE MUITO BEM DO SEU LIVRO. ELE SERÁ SEU COMPANHEIRO NO DIA A DIA.

UM GRANDE ABRAÇO,

AS AUTORAS

SUMÁRIO

CONTEÚDOS	LIÇÕES
Traços	1, 4, 5, 6, 8, 19, 24, 40, 41, 44, 56, 58, 59, 60, 76, 88
Desenvolvimento de habilidades manuais	1, 2, 3, 5, 20, 22, 24, 25, 36, 54, 74, 84
Cantigas	3, 4, 8, 10, 22, 23, 24, 25, 27, 44, 46, 58, 59, 60, 63, 64
Parlendas e textos poéticos	7, 66, 78
Nome	9, 91, 92, 93
Escrita espontânea	19, 21, 40, 42, 56, 57, 76, 77, 88, 89
Leitura de imagens	43, 45, 61, 62, 64, 65, 72, 99

CONTEÚDOS	LIÇÕES
Letra A	10, 11, 12, 13, 14, 15, 16, 17, 18, 19, 20, 21, 33, 38, 55, 75, 86, 94, 96, 97
Letra E	27, 28, 29, 30, 31, 32, 33, 34, 35, 36, 37, 38, 39, 40, 41, 55, 86, 94, 96, 97
Letra I	46, 47, 48, 49, 50, 51, 52, 53, 54, 55, 56, 86, 96, 97
Letra O	66, 67, 68, 69, 70, 71, 72, 73, 74, 75, 76, 86, 90, 95, 96, 97
Letra U	78, 79, 80, 81, 82, 83, 84, 85, 86, 87, 88, 89, 90, 95, 96, 97
Desenho livre	7, 23, 26, 98, 100

Almanaque	PÁGINA 105
Adesivos	PÁGINA 115

RISQUE LIVREMENTE A FOLHA. USE GIZ DE CERA.

RASGUE PAPEL E COLE OS PEDAÇOS AQUI, COMO QUISER.

LIÇÃO 3

PINTE A LAGARTIXA E A CASINHA DE ONDE ELA SAIU.

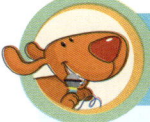

VAMOS CANTAR?

FUI MORAR NUMA CASINHA

FUI MORAR
NUMA CASINHA, NHA
ENFEITADA, DA
DE CAPIM, PIM, PIM
SAIU DE LÁ, LÁ, LÁ
UMA LAGARTIXA, XA
OLHOU PRA MIM
OLHOU PRA MIM
E FEZ ASSIM:

SMACK!

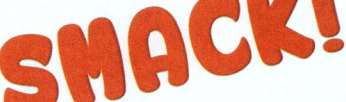

DOMÍNIO PÚBLICO.

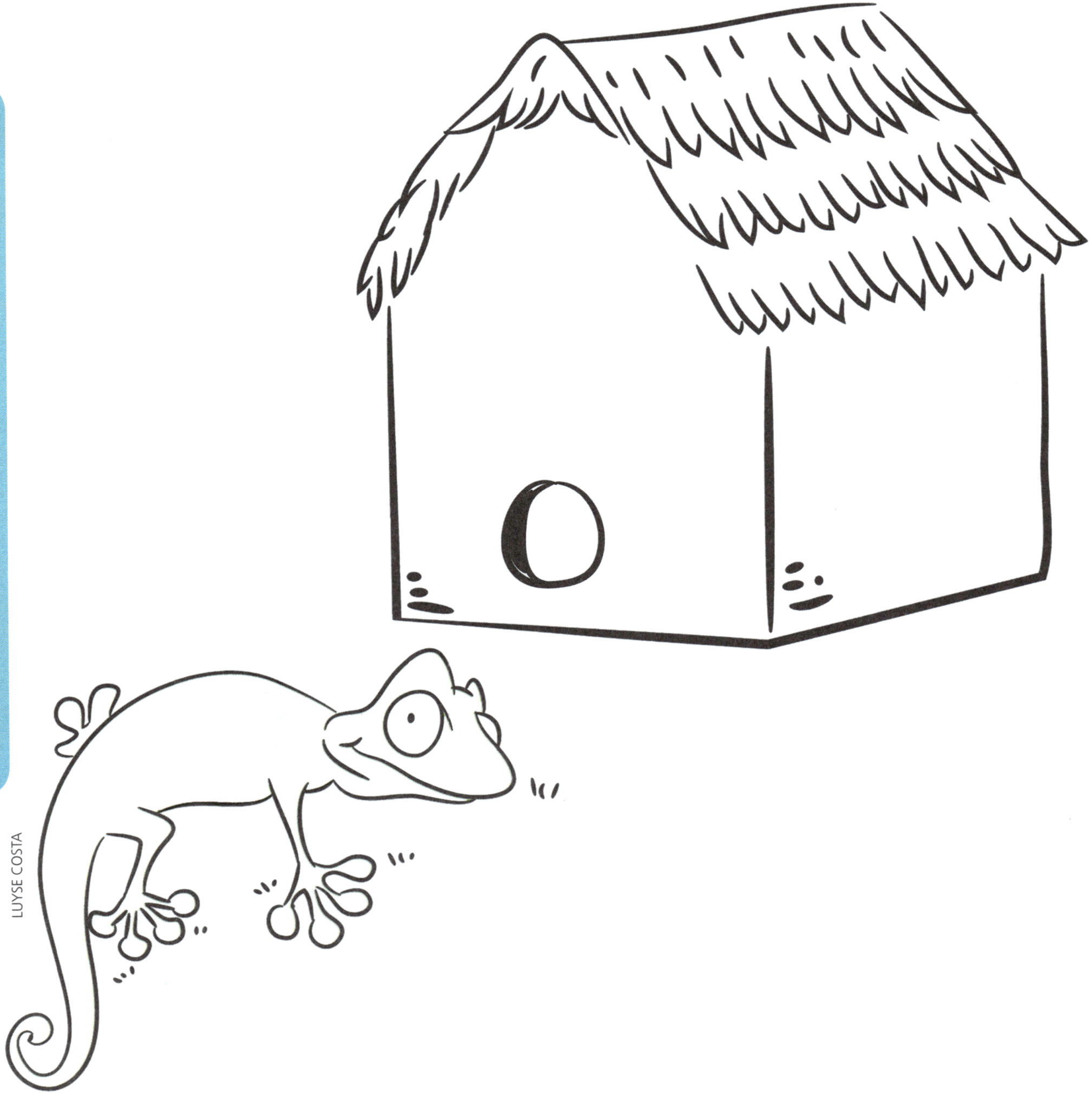

LUYSE COSTA

LIÇÃO 4

FAÇA TRAÇOS PARA REPRESENTAR A CHUVA.

VAMOS CANTAR?

CAI CHUVINHA NESTE CHÃO

CAI CHUVINHA NESTE CHÃO,
CAI CHUVINHA,
VAI MOLHANDO A PLANTAÇÃO.
UMA GOTINHA,
DUAS GOTINHAS.
CAI CHUVINHA.

DOMÍNIO PÚBLICO.

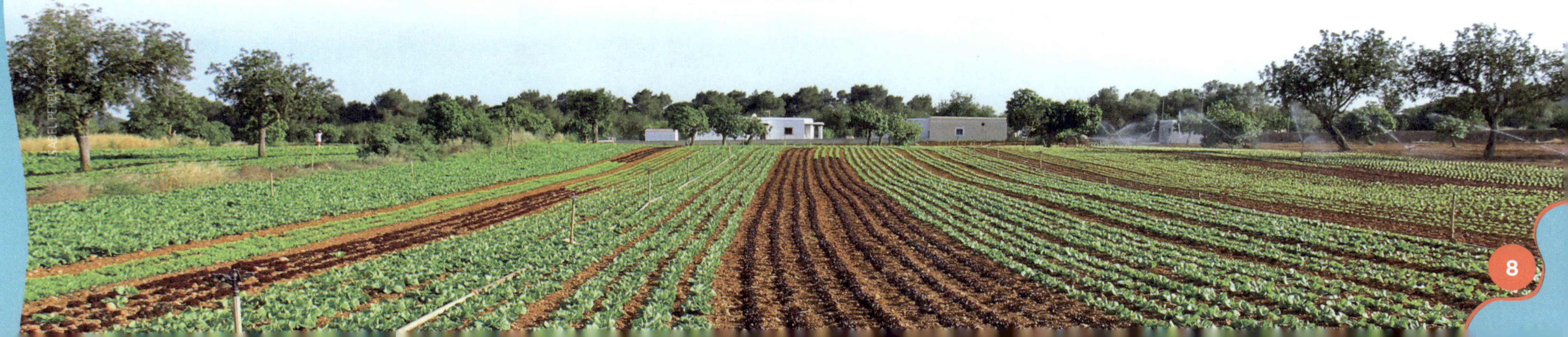

CONTINUE DESENHANDO BOLHAS DE SABÃO.

LIÇÃO 6

LIGUE OS PONTOS PARA TRAÇAR O CAMINHO DA MENINA ATÉ A CAIXA DE BRINQUEDOS.

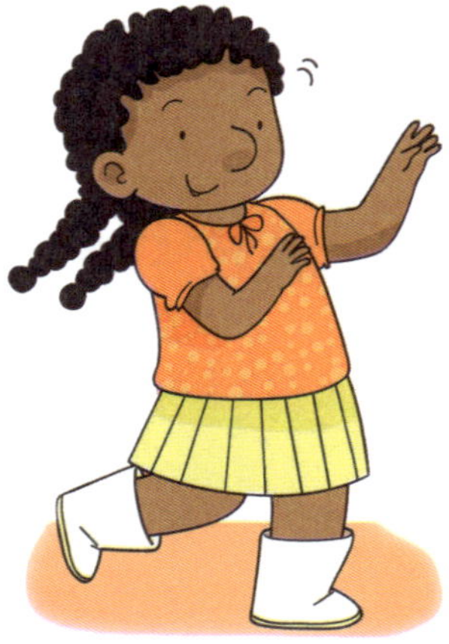

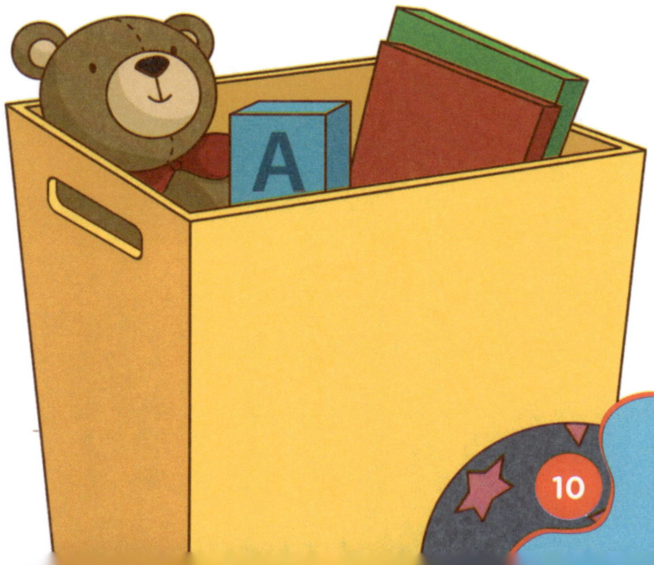

LIÇÃO 7

OUÇA A LEITURA DA PARLENDA.
DEPOIS, DESENHE A CASINHA DA VOVÓ.

A CASINHA DA VOVÓ
CERCADINHA DE CIPÓ
O CAFÉ ESTÁ DEMORANDO
COM CERTEZA NÃO TEM PÓ.

DOMÍNIO PÚBLICO.

LIÇÃO 8

CUBRA O TRACEJADO DO CAMINHO DO GATO ATÉ O LEITE. USE GIZ DE CERA.

VAMOS CANTAR?

O MEU GATINHO

O MEU GATINHO
QUANDO ACORDOU
TOMOU O SEU LEITINHO,
TOMOU, TOMOU.
TOMOU TODINHO
NADA DEIXOU.

DOMÍNIO PÚBLICO.

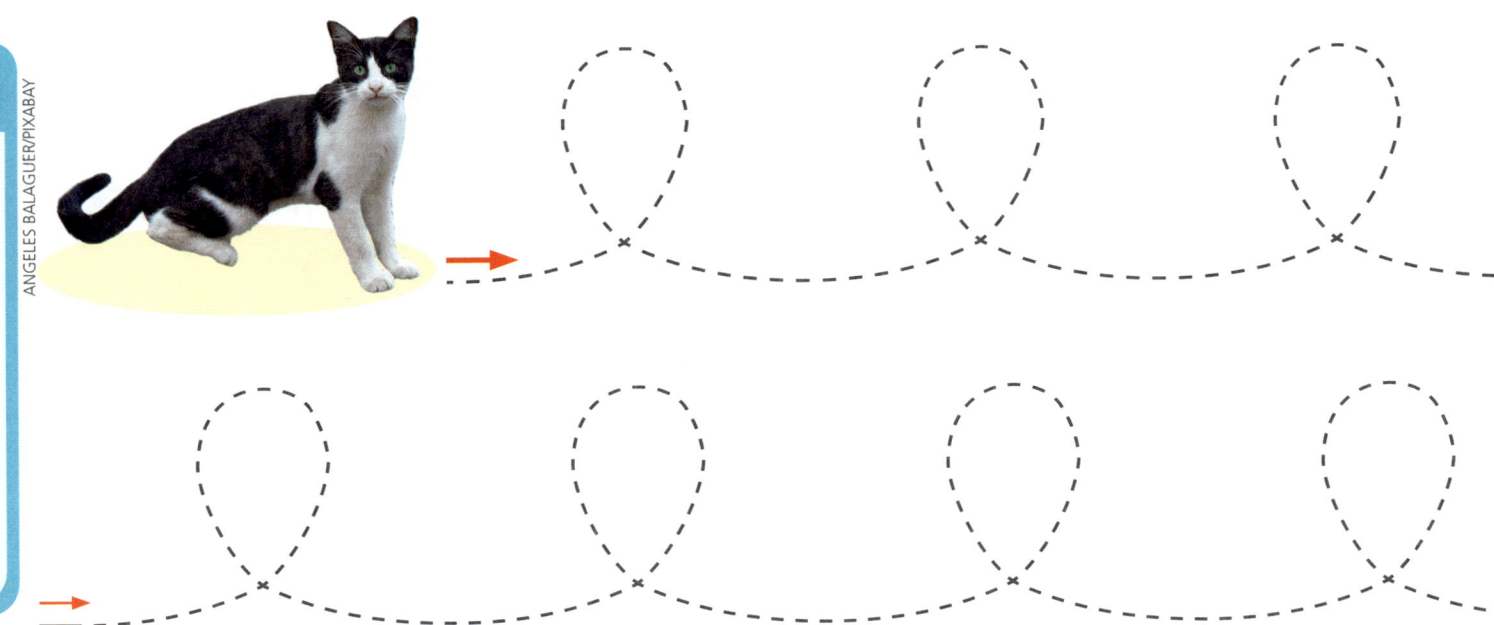

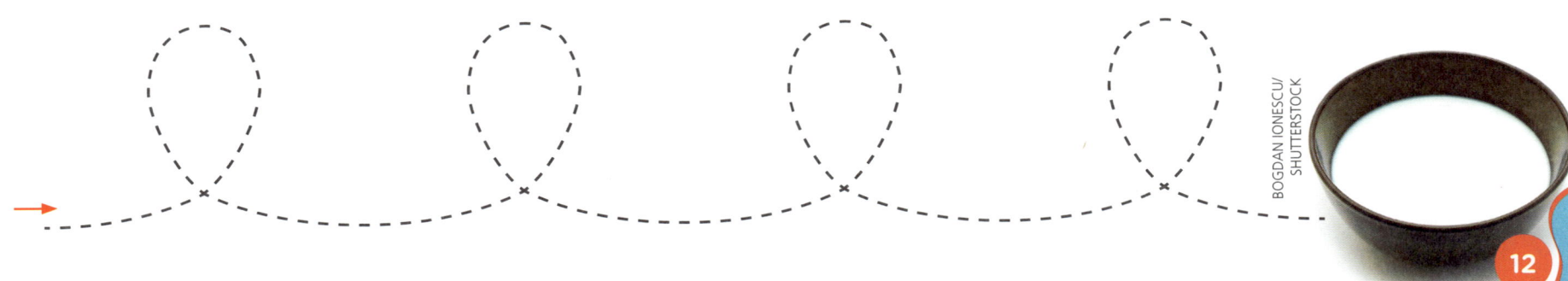

LIÇÃO 9

A PROFESSORA VAI ESCREVER SEU NOME NESTE QUADRO. CIRCULE A PRIMEIRA LETRA DO SEU NOME E COPIE-A.

LIÇÃO 10

LETRA A

PASSE O DEDO NA LETRA **A**, DE ACORDO COM A INDICAÇÃO DAS SETAS. PINTE A LETRA **A**.

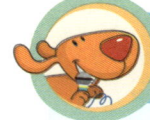

VAMOS CANTAR?

DONA ARANHA

A DONA ARANHA
SUBIU PELA PAREDE.
VEIO A CHUVA FORTE
E A DERRUBOU.
POU!

DOMÍNIO PÚBLICO.

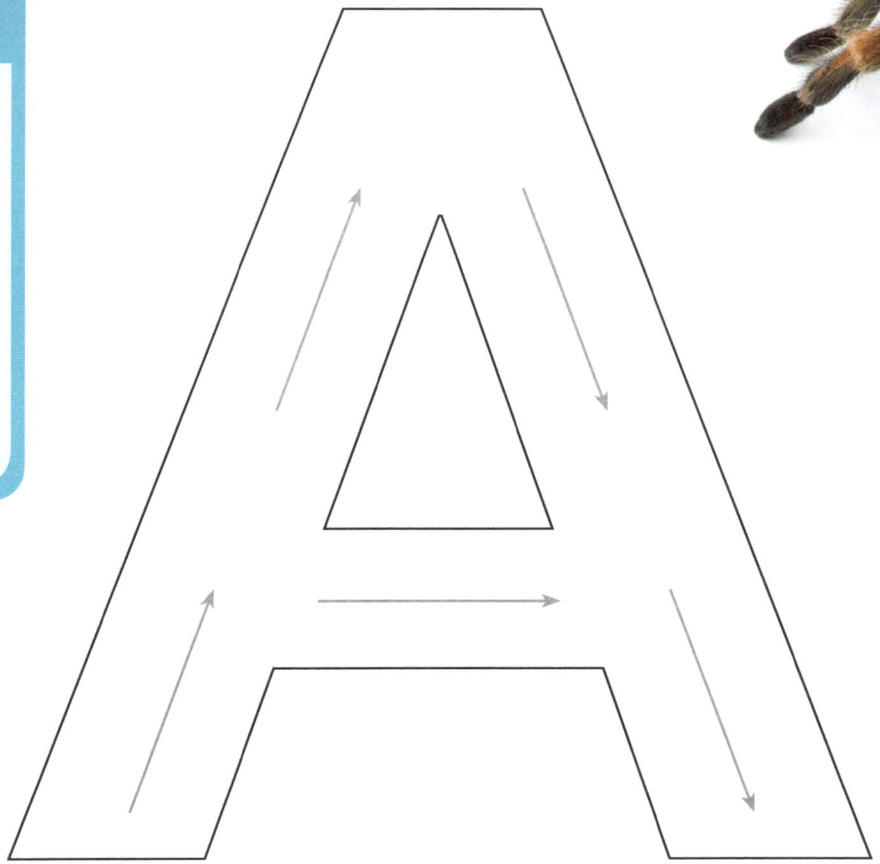

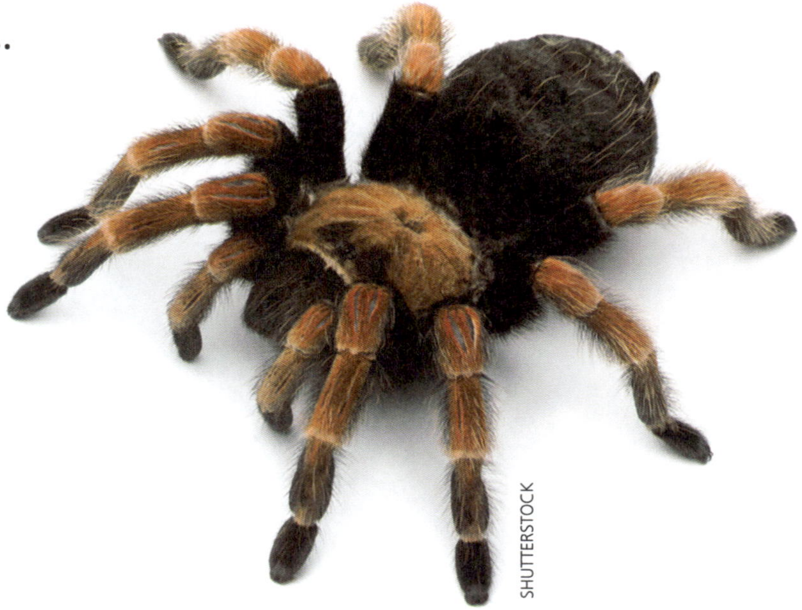

SHUTTERSTOCK

FALE O NOME DAS FIGURAS. LIGUE À LETRA **A** AS FIGURAS QUE TÊM O NOME INICIADO COM O SOM DESSA LETRA.

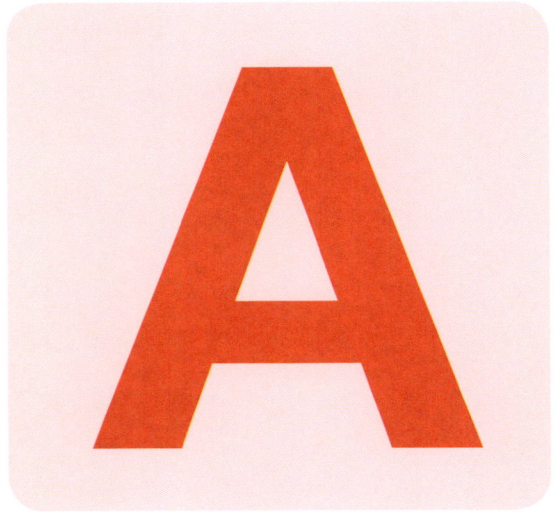

LIÇÃO 12

A PROFESSORA VAI LER O NOME DE CADA FIGURA.

PINTE A FIGURA QUE TEM O NOME INICIADO PELA LETRA **A**.

ÔNIBUS

AVIÃO

CARRO

MOTO

LIÇÃO 13

FALE O NOME DE CADA FRUTA.

CIRCULE A FRUTA QUE TEM O NOME INICIADO PELA LETRA **A**.

BANANA

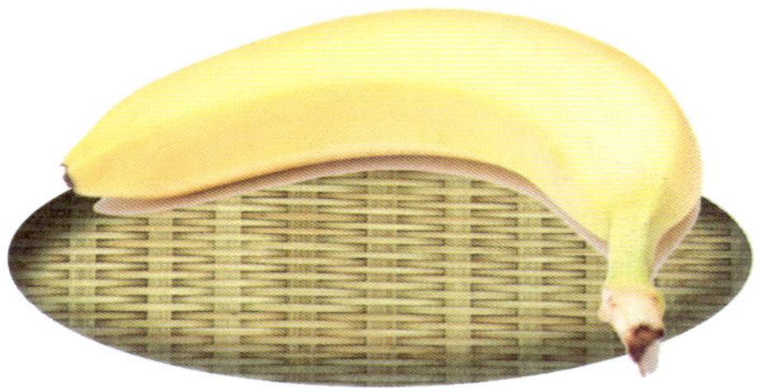

SWINNER/SHUTTERSTOCK

MANGA

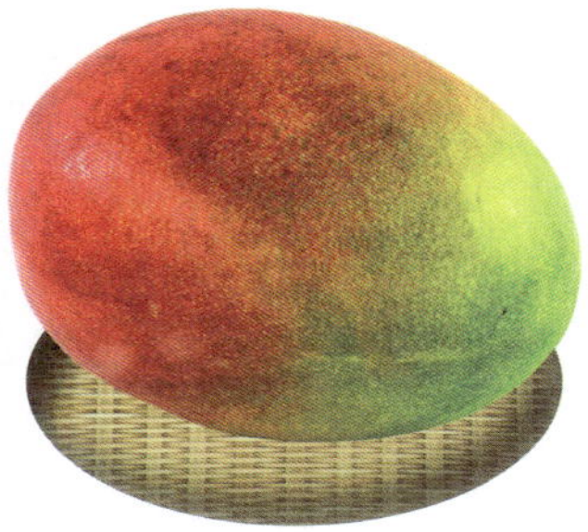

ANCELIN BONNET/PIXABAY

PERA

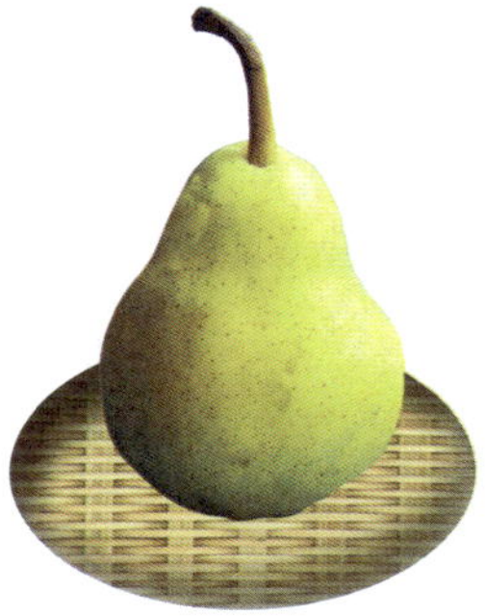

MOMENTMAL/PIXABAY

ABACAXI

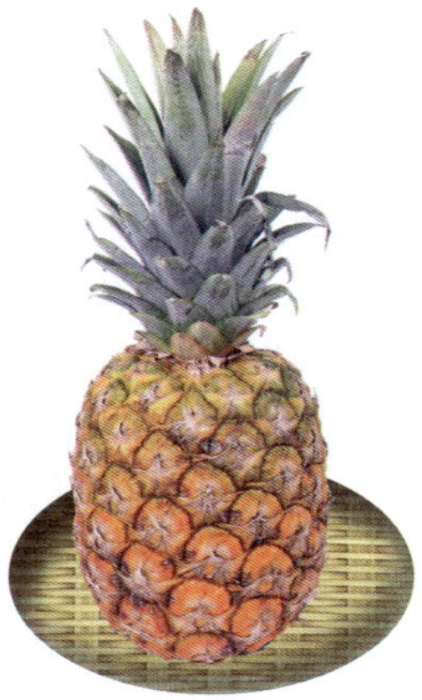

HOLGER GRYBSCH/PIXABAY

LIÇÃO 14

LIGUE A FIGURA DA ABELHA ÀS LETRAS **A** DA PALAVRA. DEPOIS, PINTE A ABELHA.

| A | B | E | L | H | A |

LIÇÃO 15

CIRCULE A LETRA **A** NOS NOMES DAS CRIANÇAS.

ARTUR   ANA   ALEXANDRE   AMANDA

LIÇÃO 16

A PROFESSORA VAI LER AS PALAVRAS.
REPRESENTE CADA PALAVRA COM UM DESENHO.

ANEL	ARANHA
ABELHA	AVIÃO

LIÇÃO 17

PESQUISE E COLE PALAVRAS INICIADAS PELA LETRA **A**.

LIÇÃO 18

COLE AQUI OS ADESIVOS DA PÁGINA 115 PARA RESPONDER ÀS ADIVINHAS QUE A PROFESSORA VAI LER.

O QUE É, O QUE É?
É PEQUENININHA,
TEM ASAS
E PRODUZ MEL.

O QUE É, O QUE É?
É UMA FRUTA,
TEM COROA
E NÃO É REI.

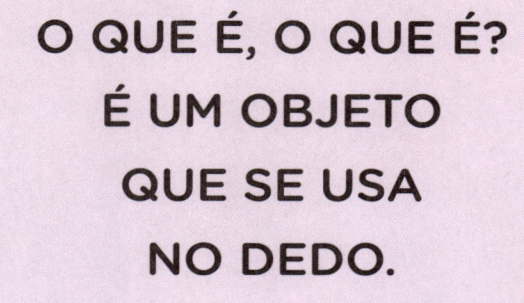

O QUE É, O QUE É?
É UM OBJETO
QUE SE USA
NO DEDO.

LIÇÃO 19

CUBRA O TRACEJADO DA LETRA **A**.

DEPOIS, ESCREVA LIVREMENTE ESSA LETRA NO ESPAÇO ABAIXO.

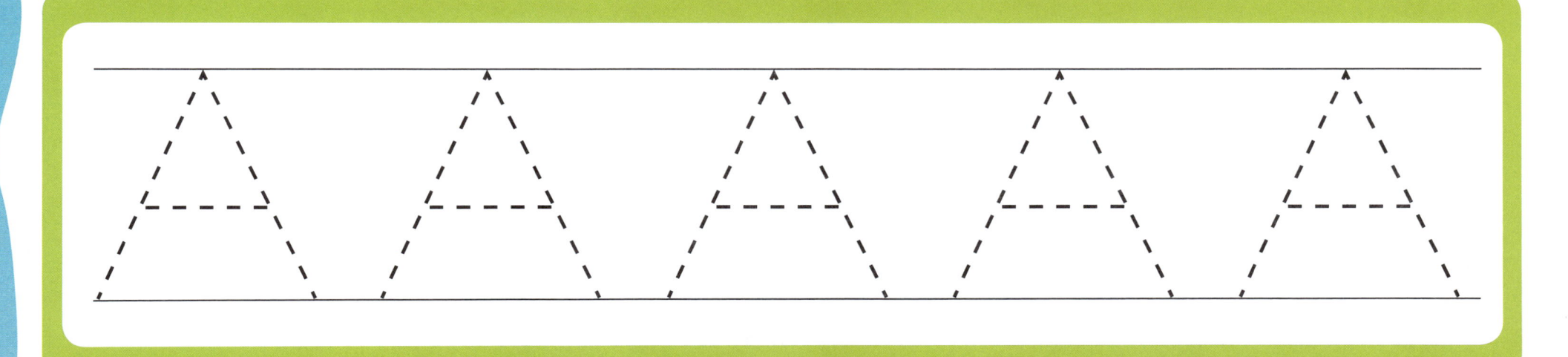

LIÇÃO 20

PINTE DE AMARELO OS ESPAÇOS ONDE ESTÁ ESCRITA A LETRA **A**. DESCUBRA A FIGURA ESCONDIDA.

LIÇÃO 21

ESCREVA LIVREMENTE A LETRA **A**.

LIÇÃO 22

COM A AJUDA DA PROFESSORA, MOLHE A MÃO NA TINTA E CARIMBE AQUI.

VAMOS CANTAR?

BATE PALMINHA, BATE
PALMINHA DE SÃO TOMÉ
BATE PALMINHA, BATE
PRA QUANDO PAPAI VIER.

DOMÍNIO PÚBLICO.

LIÇÃO 23

FAÇA UM DESENHO PARA REPRESENTAR A CANTIGA.

VAMOS CANTAR?

PIRULITO QUE BATE, BATE

PIRULITO QUE BATE, BATE
PIRULITO QUE JÁ BATEU
QUEM GOSTA DE MIM É ELA
E QUEM GOSTA DELA SOU EU.

DOMÍNIO PÚBLICO.

LIÇÃO 24

FAÇA LIVREMENTE VÁRIAS BOLINHAS COLORIDAS. USE GIZ DE CERA.

VAMOS CANTAR?

OS DEDINHOS

POLEGARES, POLEGARES,
ONDE ESTÃO? AQUI ESTÃO!
ELES SE SAÚDAM,
ELES SE SAÚDAM,
E SE VÃO, E SE VÃO.

INDICADORES, INDICADORES,
ONDE ESTÃO? AQUI ESTÃO!
ELES SE SAÚDAM
ELES SE SAÚDAM,
E SE VÃO, E SE VÃO.

DOMÍNIO PÚBLICO.

LIÇÃO 25

CONTORNE O PINTINHO. USE GIZ DE CERA AMARELO. DEPOIS, PINTE-O DA MESMA COR.

VAMOS CANTAR?

MEU PINTINHO AMARELINHO

MEU PINTINHO AMARELINHO
CABE AQUI NA MINHA MÃO,
NA MINHA MÃO.
QUANDO QUER
COMER BICHINHOS,
COM SEUS PEZINHOS,
ELE CISCA O CHÃO.
ELE BATE AS ASAS,
ELE FAZ PIU, PIU,
MAS TEM MUITO MEDO
É DO GAVIÃO.

DOMÍNIO PÚBLICO.

LUYSE COSTA

LIÇÃO 26

ESCUTE A HISTÓRIA QUE A PROFESSORA VAI LER. DEPOIS, DESENHE-A.

LIÇÃO 27

LETRA E

PASSE O DEDO NA LETRA **E**, DE ACORDO COM A INDICAÇÃO DAS SETAS.

PINTE A LETRA **E**.

VAMOS CANTAR?

O ELEFANTE

O ELEFANTE
QUERIA VOAR
A MOSCA DISSE
VOCÊ VAI CAIR
O ELEFANTE
TEIMOSO VOOU
VOOU, VOOU
E CAIU!

DOMÍNIO PÚBLICO.

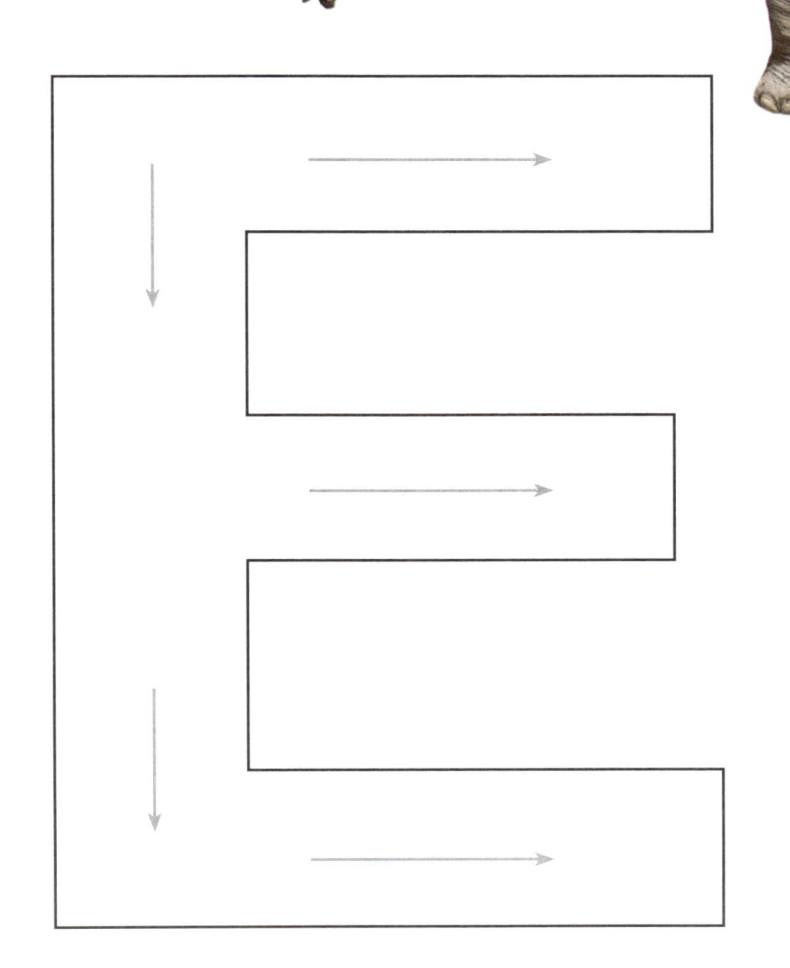

LIÇÃO 28

LIGUE A FIGURA DO ELEFANTE ÀS LETRAS **E** DA PALAVRA. DEPOIS, PINTE O ELEFANTE.

| E | L | E | F | A | N | T | E |

LIÇÃO 29

FALE O NOME DAS FIGURAS. LIGUE À LETRA **E** AS FIGURAS QUE TÊM O NOME INICIADO COM O SOM DESSA LETRA.

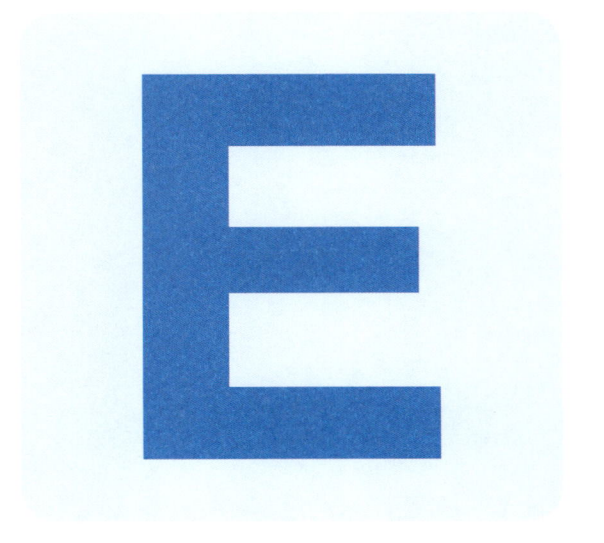

LIÇÃO 30

A PROFESSORA VAI LER O NOME DE CADA FIGURA.
PINTE A FIGURA QUE TEM O NOME INICIADO PELA LETRA **E**.

ILUSTRAÇÕES: EUNICE/CONEXÃO

CAVALO

GATO

ESQUILO

VACA

Lição 31

PINTE AS LETRAS **E** NAS PALAVRAS.

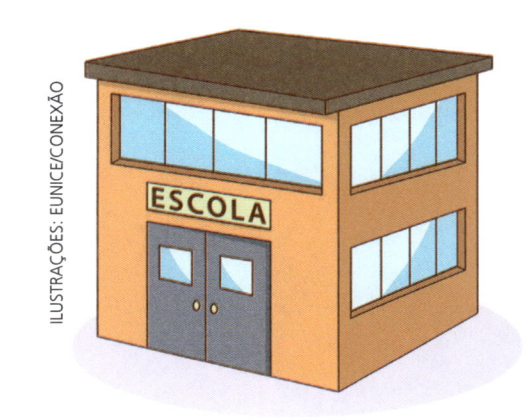

ESCOLA

ESTRELA

ELEFANTE

ESTOJO

LIÇÃO 32

OBSERVE AS FIGURAS E CIRCULE AS LETRAS **E** DAS PALAVRAS. DEPOIS, PINTE AS FIGURAS QUE TÊM A LETRA **E** NO INÍCIO DO NOME.

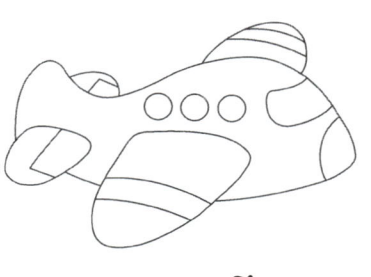

AVIÃO

SOL

EMA

ESCADA

ESPELHO

ESCOVA

LIÇÃO 33

CONTE QUANTAS VEZES APARECE A VOGAL **E** NO QUADRO. DEPOIS, PINTE AS BOLINHAS DE ACORDO COM A QUANTIDADE CORRESPONDENTE.

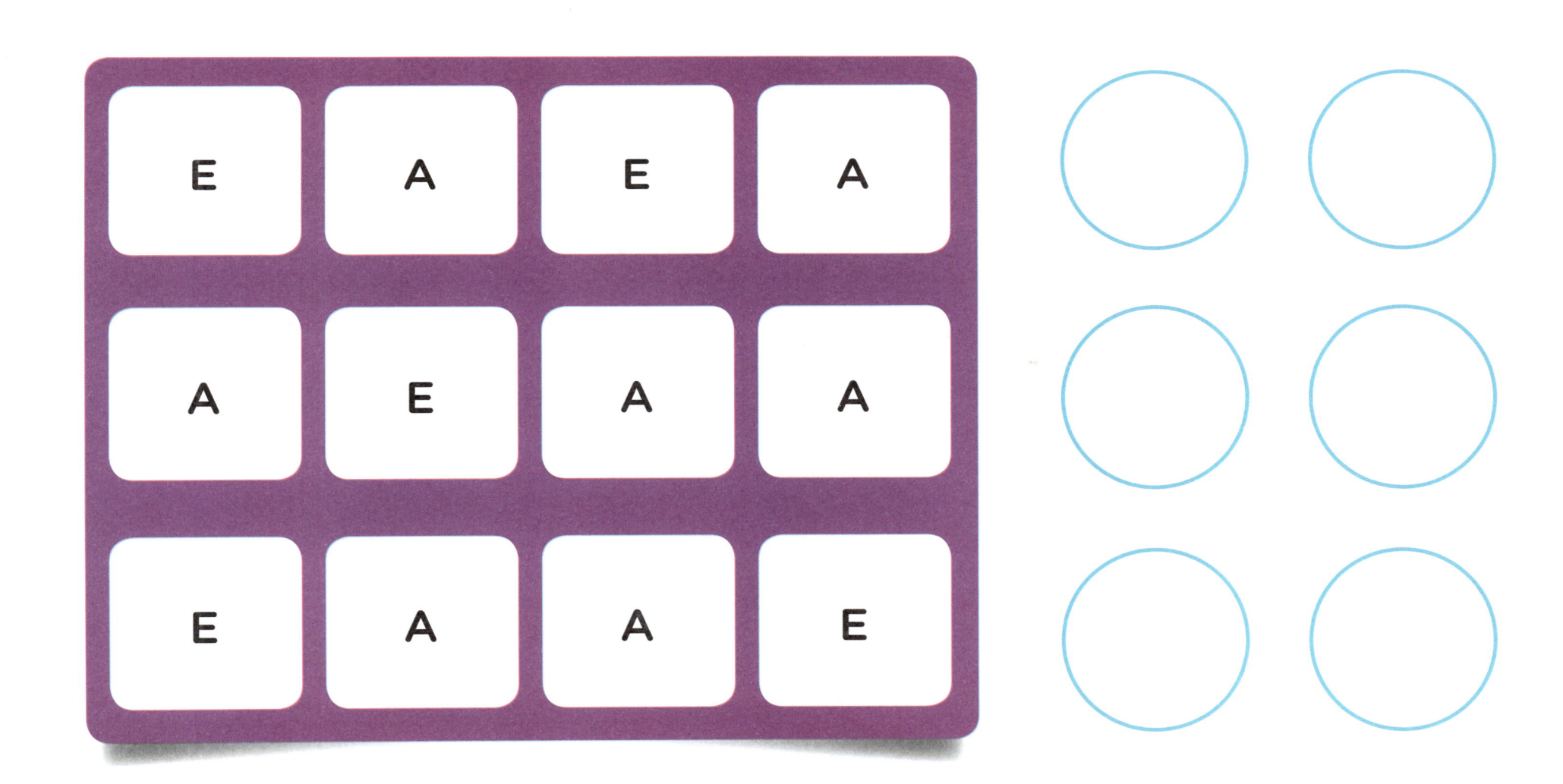

E	A	E	A
A	E	A	A
E	A	A	E

LIÇÃO 34

PESQUISE E COLE PALAVRAS INICIADAS PELA LETRA **E**.

LIÇÃO 35

FALE O NOME DE CADA OBJETO.

CIRCULE O OBJETO QUE TEM O NOME INICIADO PELA LETRA **E**.

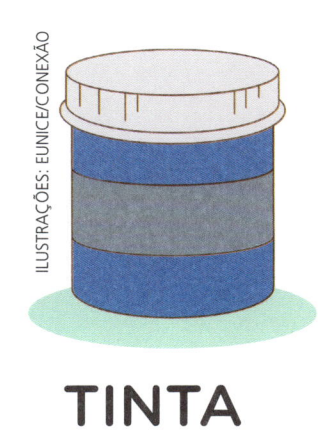

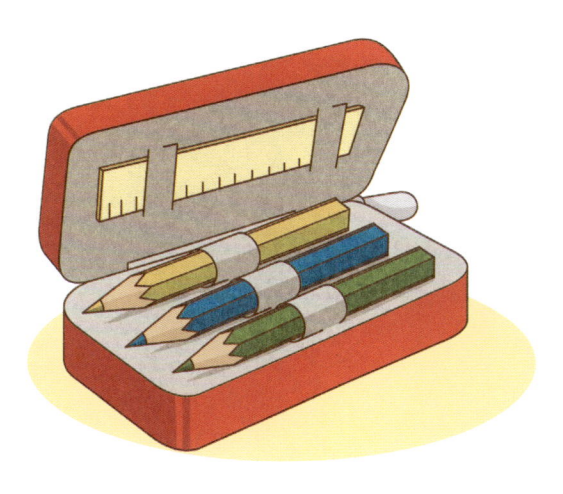

TINTA

ESTOJO

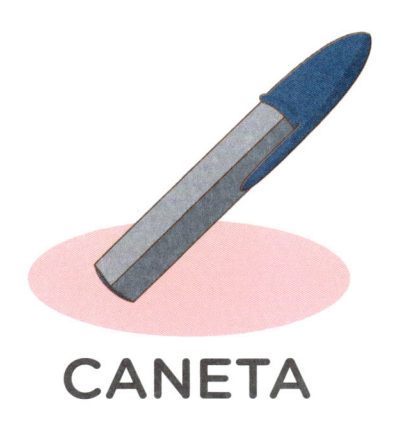

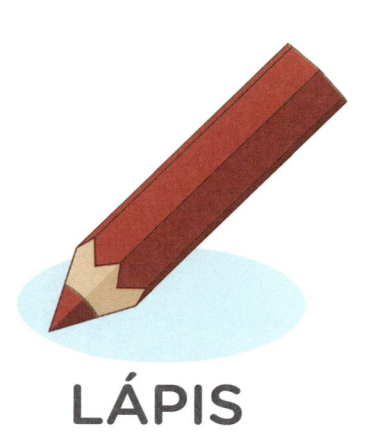

CANETA

LÁPIS

LIÇÃO 36

PINTE DE AZUL OS ESPAÇOS ONDE ESTÁ ESCRITA A LETRA **E**. DESCUBRA A FIGURA ESCONDIDA.

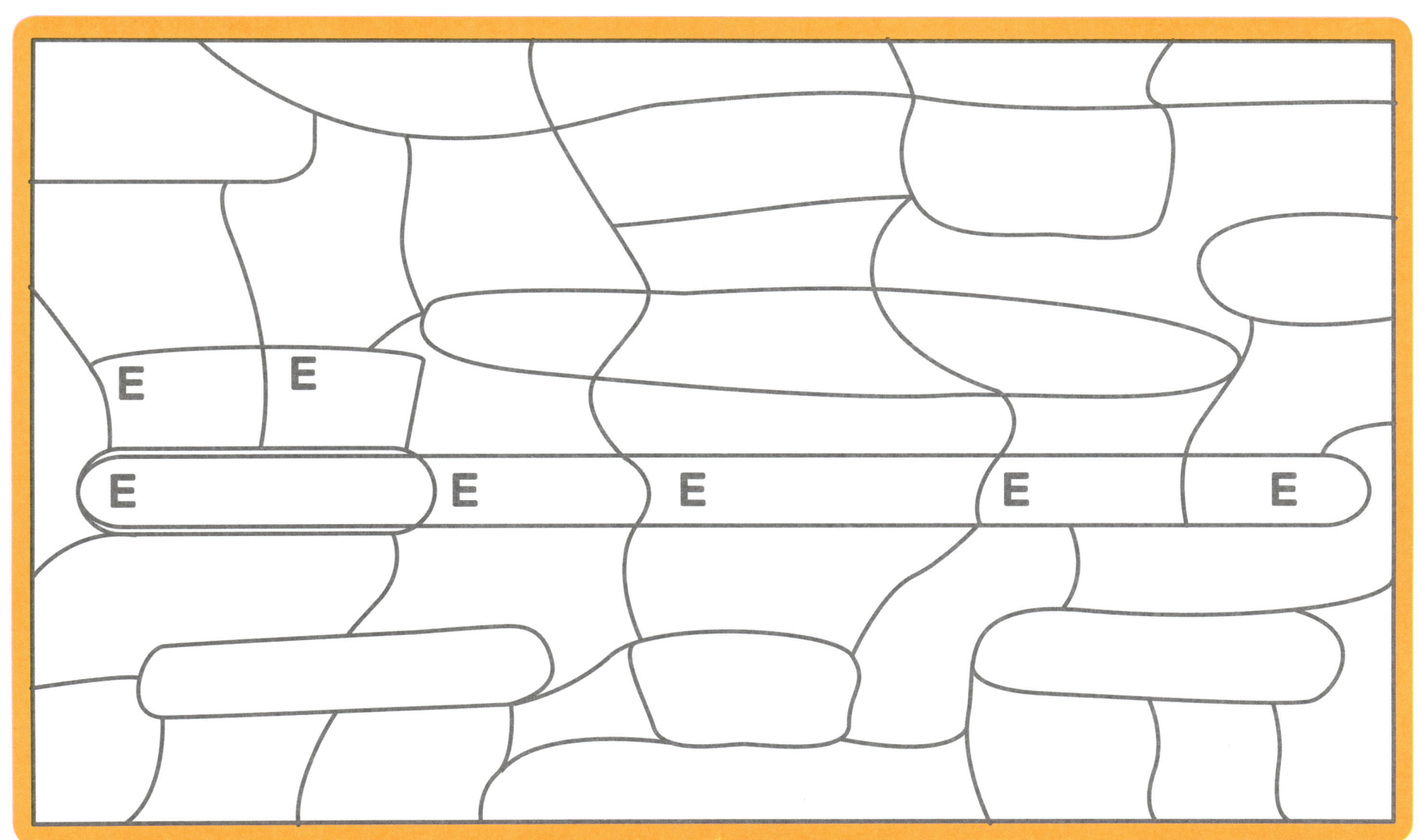

LIÇÃO 37

OUÇA A LEITURA DO NOME DA CRIANÇA. DEPOIS, LIGUE A CRIANÇA AO OBJETO QUE TEM O NOME INICIADO COM A LETRA **E**.

ESTER

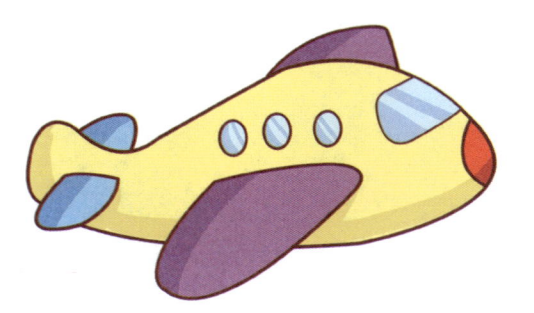

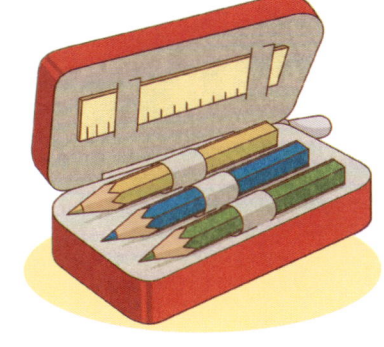

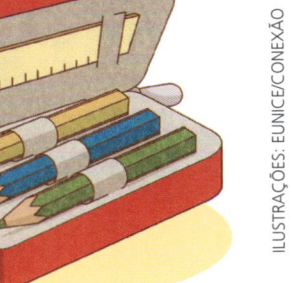

LIÇÃO 38

PESQUISE EM JORNAIS OU REVISTAS FIGURAS QUE TENHAM O NOME INICIADO PELAS LETRAS **A** E **E**. COLE-AS NOS QUADROS.

A

E

LIÇÃO 39

COLE A SOMBRA DE CADA FIGURA. USE OS ADESIVOS DA PÁGINA 115.

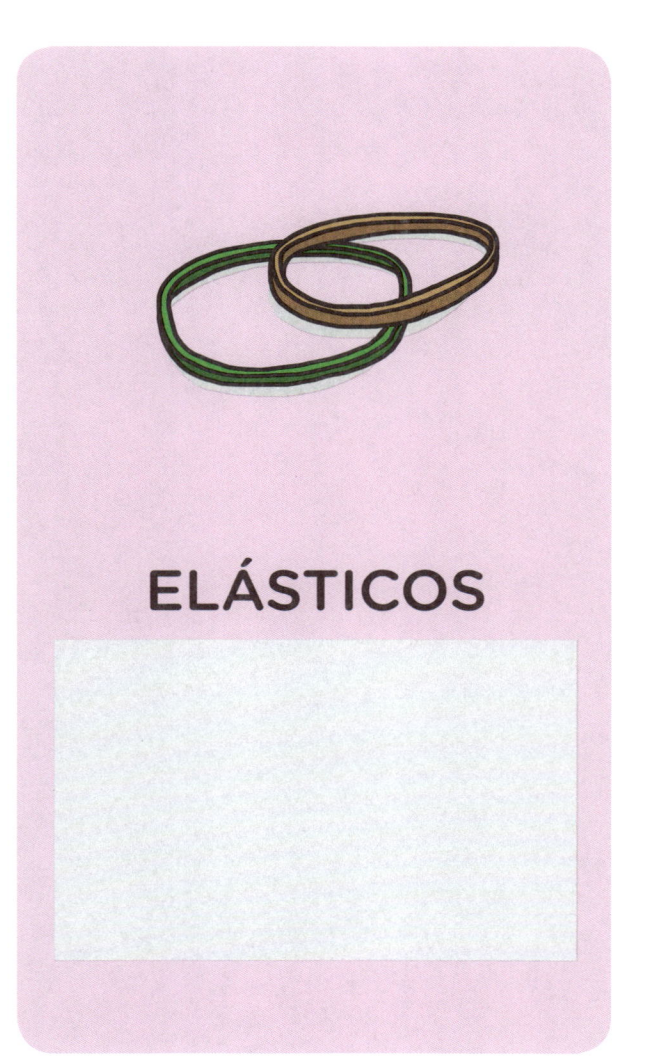

EDIFÍCIO

ELEFANTE

ELÁSTICOS

LIÇÃO 40

CUBRA O TRACEJADO DA LETRA **E**.

DEPOIS, ESCREVA LIVREMENTE ESSA LETRA NO ESPAÇO ABAIXO.

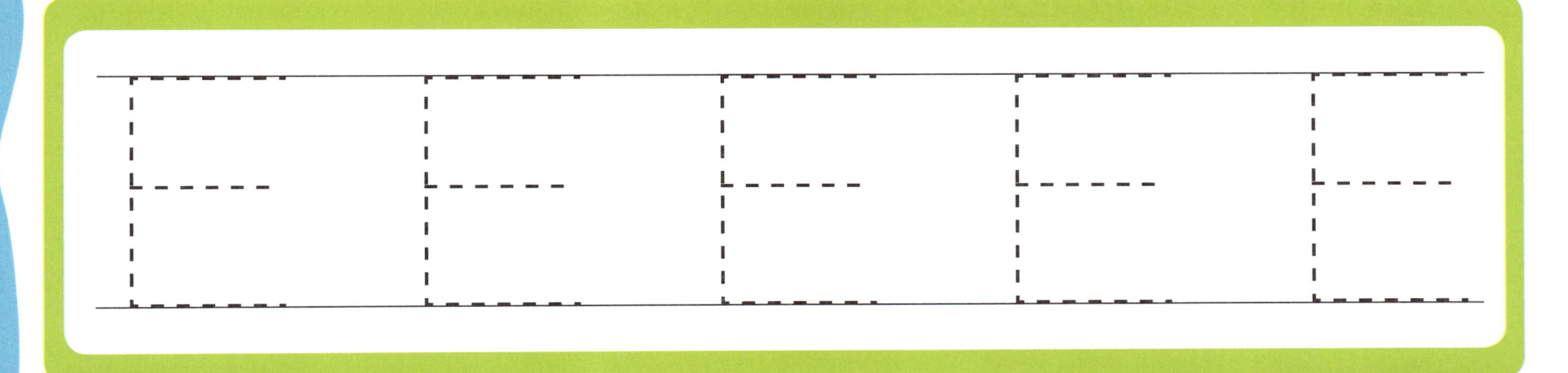

LIÇÃO 41

CUBRA A LINHA TRACEJADA, COMEÇANDO PELA SETA, ATÉ CHEGAR À LETRA INICIAL DO NOME DA BONECA.

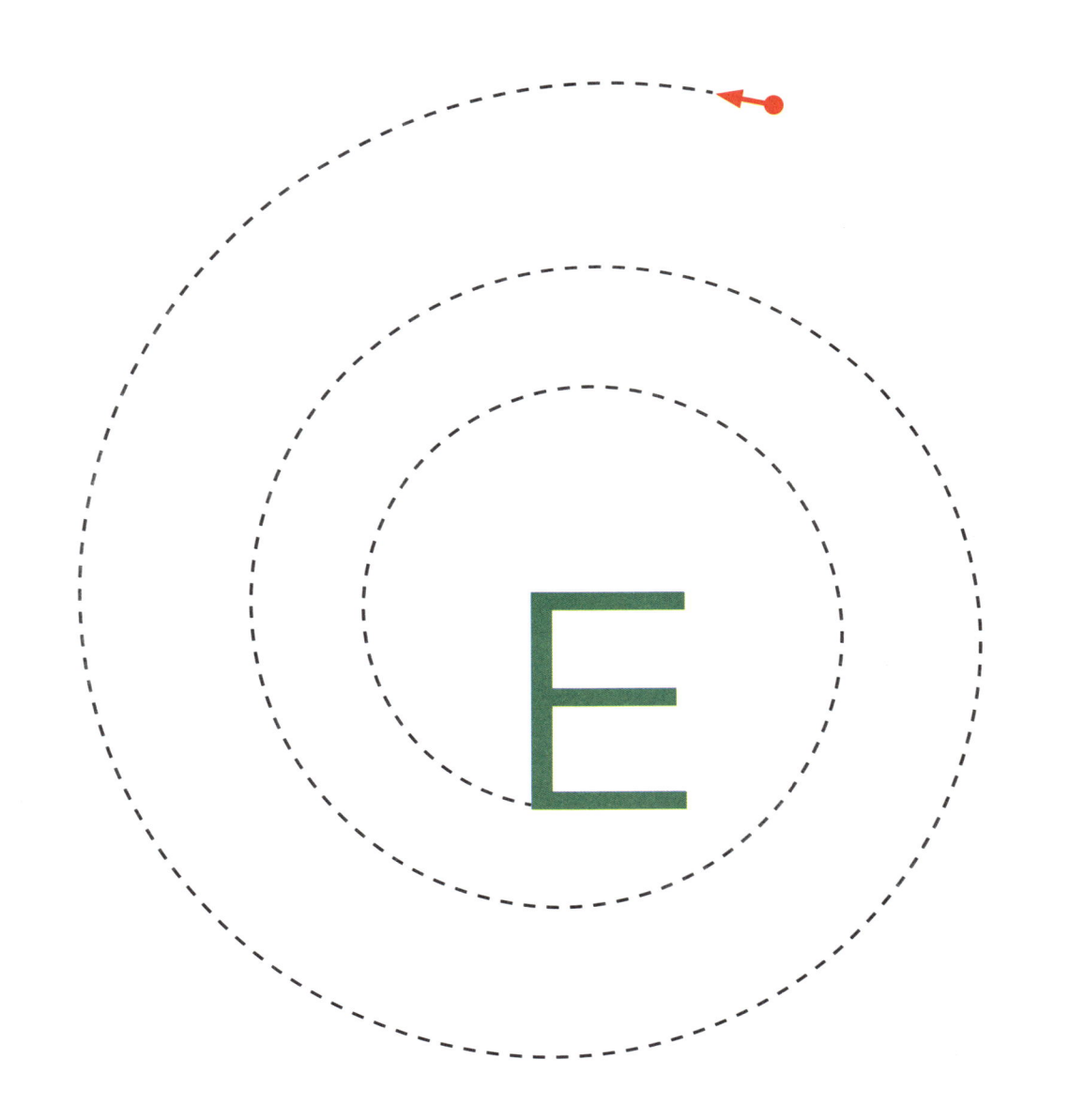

EMÍLIA

LIÇÃO 42

ESCREVA LIVREMENTE A VOGAL **E**.

LIÇÃO 43

OBSERVE AS CENAS E DESCUBRA O QUE EDUARDO ESTÁ MONTANDO.

AGORA, CONTE AOS COLEGAS:

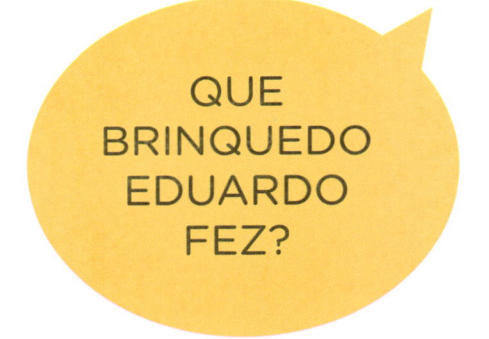

QUE BRINQUEDO EDUARDO FEZ?

VOCÊ JÁ BRINCOU COM ESSE BRINQUEDO?

47

LIÇÃO 44

DESENHE AS ONDAS DO MAR UTILIZANDO GIZ DE CERA AZUL.

VAMOS CANTAR?

QUEM TE ENSINOU A NADAR...
QUEM TE ENSINOU A NADAR...
FOI, FOI MARINHEIRO
FOI O BALANÇO DO MAR.

DOMÍNIO PÚBLICO.

LIÇÃO 45

COLE OS ADESIVOS DA PÁGINA 116 NA ORDEM CORRETA. DEPOIS, CONTE A HISTÓRIA PARA A PROFESSORA E OS COLEGAS.

1.

2.

3.

LIÇÃO 46

LETRA I

PASSE O DEDO NA LETRA I, DE ACORDO COM A INDICAÇÃO DAS SETAS.

PINTE A LETRA I.

VAMOS CANTAR?

INDIOZINHOS

UM, DOIS, TRÊS INDIOZINHOS,
QUATRO, CINCO, SEIS INDIOZINHOS,
SETE, OITO, NOVE INDIOZINHOS,
DEZ NO PEQUENO BOTE.

IAM NAVEGANDO
PELO RIO ABAIXO
QUANDO UM JACARÉ
SE APROXIMOU
E O PEQUENO BOTE
DOS INDIOZINHOS
QUASE, QUASE VIROU...
QUASE, QUASE VIROU...
MAS NÃO VIROU!

DOMÍNIO PÚBLICO.

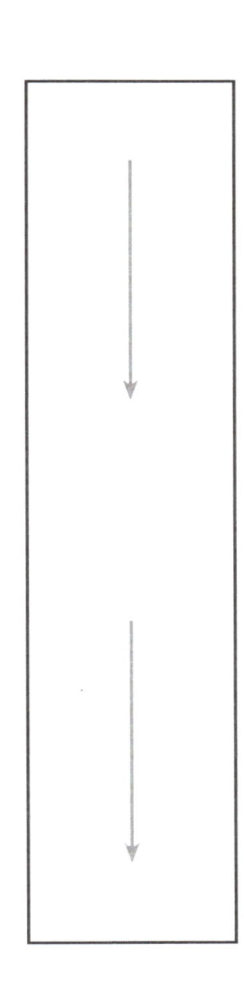

CRISTINO MARTINS/AG. PARÁ DATA

LIÇÃO 47

FALE O NOME DAS FIGURAS. LIGUE À LETRA I AS FIGURAS QUE TÊM O NOME INICIADO COM O SOM DESSA LETRA.

LIÇÃO 48

A PROFESSORA VAI LER O NOME DE CADA FIGURA.
PINTE A FIGURA QUE TEM O NOME INICIADO PELA LETRA I.

INDÍGENA

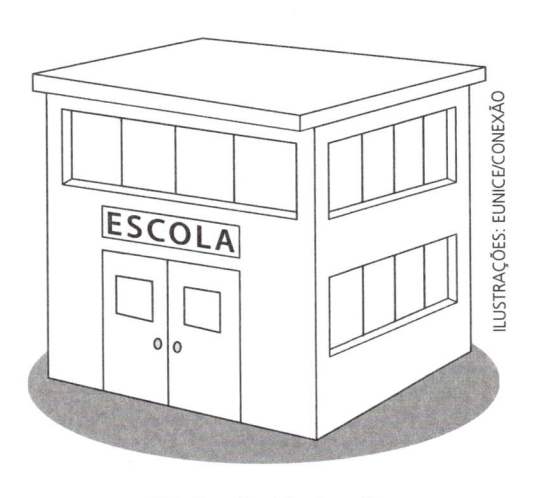

ESCOLA

ARARA

IGUANA

52

LIÇÃO 49

OUÇA COM ATENÇÃO A LEITURA DOS NOMES DAS CRIANÇAS. MARQUE UM **X** NA CRIANÇA QUE TEM O NOME INICIADO PELA LETRA **I**.

AMÉLIA	IVO	EVELIN
☐	☐	☐

LIÇÃO 50

FALE O NOME DE CADA OBJETO.

CIRCULE O OBJETO QUE TEM O NOME INICIADO PELA LETRA **I**.

PIPA

SINO

BICICLETA

IOIÔ

LIÇÃO 51

LIGUE A FIGURA DAS MENINAS INDÍGENAS ÀS LETRAS **I** DA PALAVRA.

| I | N | D | Í | G | E | N | A | S |

LIÇÃO 52

FALE O NOME DE CADA FIGURA. DEPOIS, PINTE AS LETRAS **I**.

ILHA

IGOR

IOIÔ

ISABEL

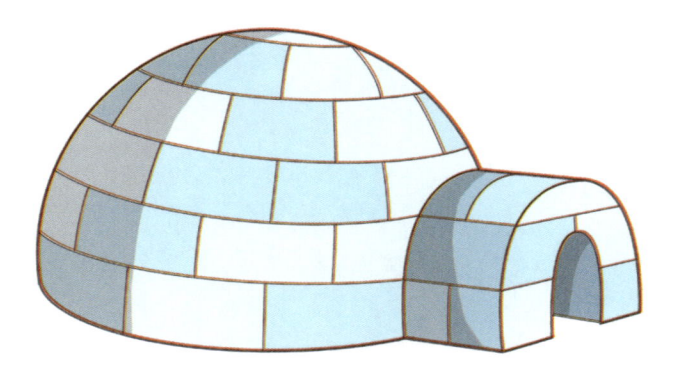

IGLU

IGUANA

LIÇÃO 53

PESQUISE E COLE PALAVRAS INICIADAS PELA LETRA I.

LIÇÃO 54

PINTE OS ESPAÇOS ONDE ESTÁ ESCRITA A LETRA **I**.
DESCUBRA A FIGURA ESCONDIDA.

LIÇÃO 55

PINTE O QUADRINHO ONDE ESTÁ A LETRA INICIAL DO NOME DE CADA FIGURA.

APONTADOR

| A | E | I |

IGREJA

| A | E | I |

ESPELHO

| A | E | I |

LIÇÃO 56

CUBRA O TRACEJADO DA LETRA I.
DEPOIS, ESCREVA LIVREMENTE ESSA LETRA NO ESPAÇO ABAIXO.

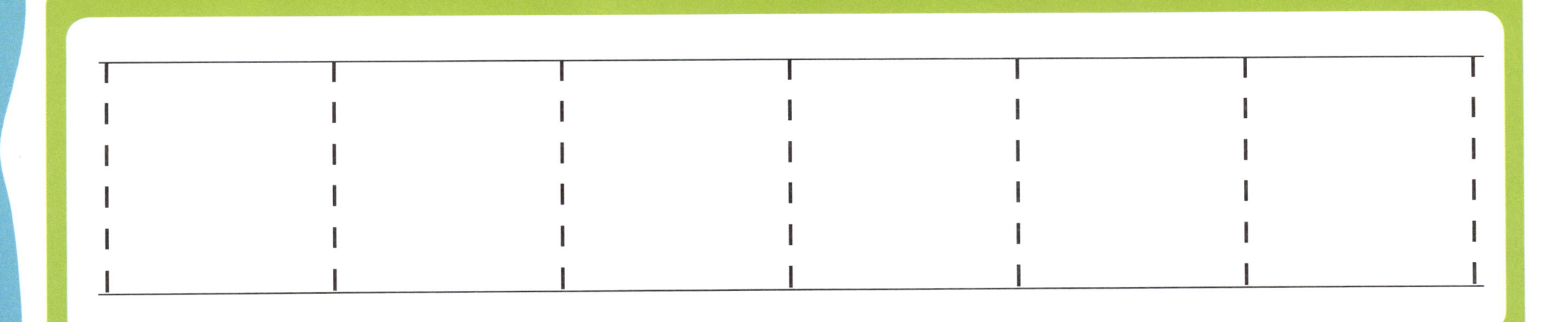

LIÇÃO 57

ESCREVA LIVREMENTE A VOGAL I.

LIÇÃO 58

CUBRA O TRACEJADO PARA COMPLETAR A JANELA.

VAMOS CANTAR?

A JANELINHA

A JANELINHA FECHA
QUANDO ESTÁ CHOVENDO.
A JANELINHA ABRE
SE O SOL ESTÁ APARECENDO.

FECHOU, ABRIU,
FECHOU, ABRIU, FECHOU.
ABRIU, FECHOU,
ABRIU, FECHOU, ABRIU.

DOMÍNIO PÚBLICO.

LIÇÃO 59

CUBRA OS PULOS DA SAPA SAPECA USANDO PINTURA A DEDO. ESCOLHA A COR DA TINTA.

VAMOS CANTAR?

A SAPA SAPECA

(MELODIA: CIRANDA, CIRANDINHA)

A SAPA É SAPECA,
PULA E RODA SEM PARAR.
SUJA A SAIA E O SAPATO,
MAS NÃO PARA DE ROLAR.

O SAPO LÁ DO RIO
COM A SAPA FOI PULAR.
SAPECOU UM BEIJO NELA
E COM A SAPA VAI CASAR.

DOMÍNIO PÚBLICO.

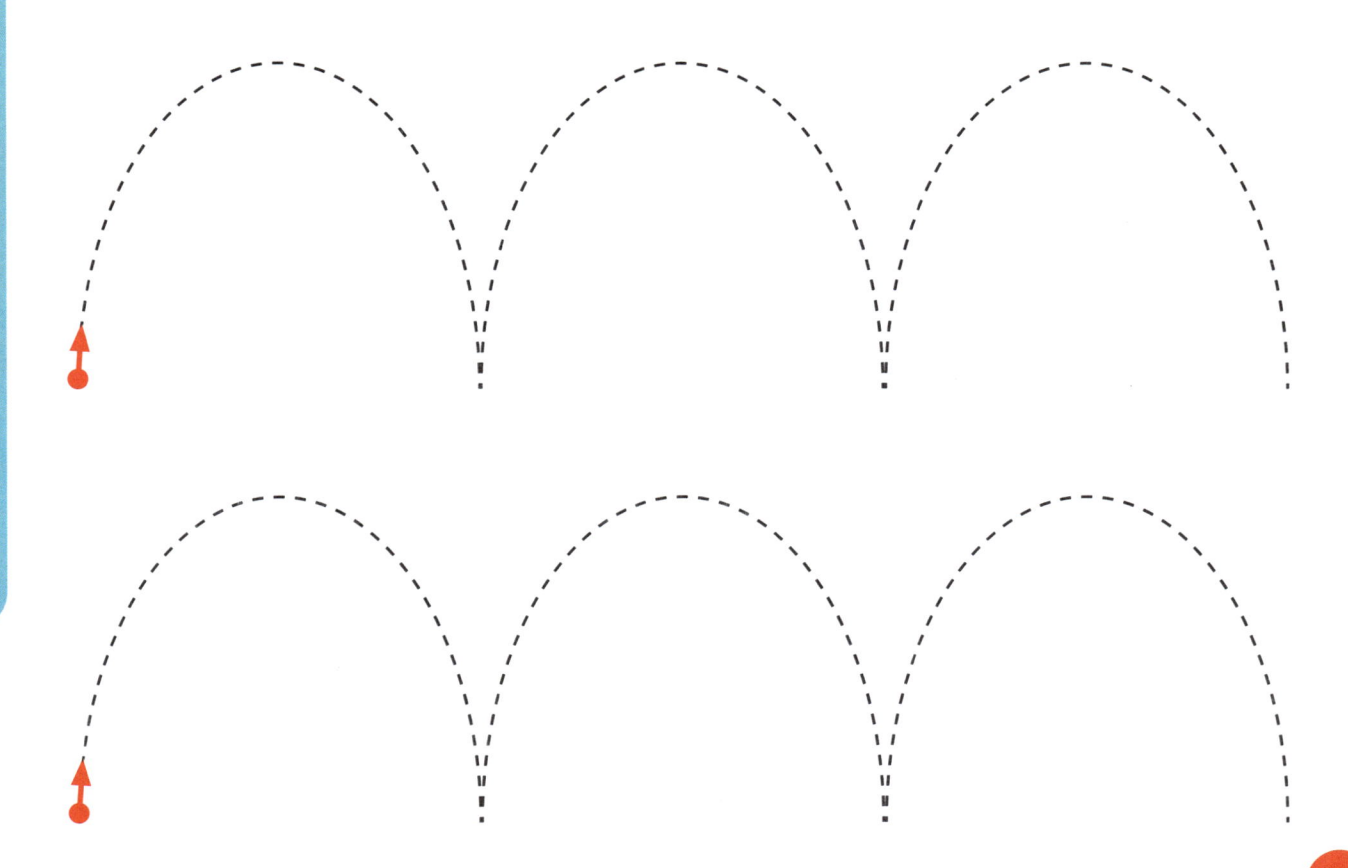

LIÇÃO 60

CUBRA O TRACEJADO E FORME O DESENHO DA BORBOLETA.

VAMOS CANTAR?

BORBOLETINHA

BORBOLETINHA
ESTÁ NA COZINHA,
FAZENDO CHOCOLATE
PARA A MADRINHA.
POTI, POTI,
PERNA DE PAU,
OLHO DE VIDRO
E NARIZ DE PICA-PAU,
PAU, PAU!

DOMÍNIO PÚBLICO.

LIÇÃO 61

OBSERVE E CIRCULE NO QUADRO APENAS AS FIGURAS QUE APARECEM NA CENA.

LIÇÃO 62

COM A AJUDA DA PROFESSORA, NUMERE AS CENAS NA ORDEM CORRETA. DEPOIS, CONTE A HISTÓRIA.

ILUSTRAÇÕES: EUNICE/CONEXÃO

LIÇÃO 63

CIRCULE OS INSTRUMENTOS MUSICAIS DA LOJA DO MESTRE ANDRÉ.

VAMOS CANTAR?

LOJA DO MESTRE ANDRÉ

FOI NA LOJA DO MESTRE ANDRÉ
QUE EU COMPREI UM PIANINHO
PLIM, PLIM, PLIM, UM PIANINHO

FOI NA LOJA DO MESTRE ANDRÉ
QUE EU COMPREI UM VIOLÃO
DÃO, DÃO, DÃO UM VIOLÃO
PLIM, PLIM, PLIM, UM PIANINHO

FOI NA LOJA DO MESTRE ANDRÉ
QUE EU COMPREI UMA FLAUTINHA
FLÁ, FLÁ, FLÁ, UMA FLAUTINHA
DÃO, DÃO, DÃO UM VIOLÃO
PLIM, PLIM, PLIM, UM PIANINHO

DOMÍNIO PÚBLICO.

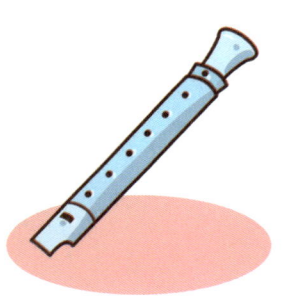

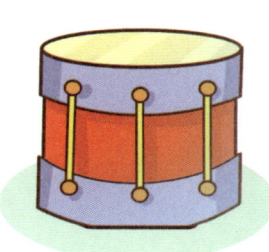

67

LIÇÃO 64

DESCUBRA E CIRCULE A SOMBRA DO ANIMAL QUE APARECE NA CANTIGA.

VAMOS CANTAR?

JACARÉ PASSEANDO NA LAGOA,
JACARÉ PASSEANDO NA LAGOA,
ABRIU BOCÃO,
MOSTROU OS DENTINHOS
E COMEU OS PEIXINHOS.

DOMÍNIO PÚBLICO.

LIÇÃO 65

PINTE A BRINCADEIRA QUE VOCÊ CONHECE E JÁ BRINCOU.

ILUSTRAÇÕES: LUYSE COSTA

LIÇÃO 66

LETRA O

PASSE O DEDO NA LETRA **O**, DE ACORDO COM A INDICAÇÃO DAS SETAS. PINTE A LETRA **O**.

OS ÓCULOS

DEBAIXO DOS ÓCULOS
TEM UM NARIZ.
O NARIZ TEM UM DONO
QUE É DONO DO SEU NARIZ.

CIÇA FITTIPALDI. *CADA PONTO AUMENTA UM CONTO*. SÃO PAULO: ED. DO BRASIL, 1986.

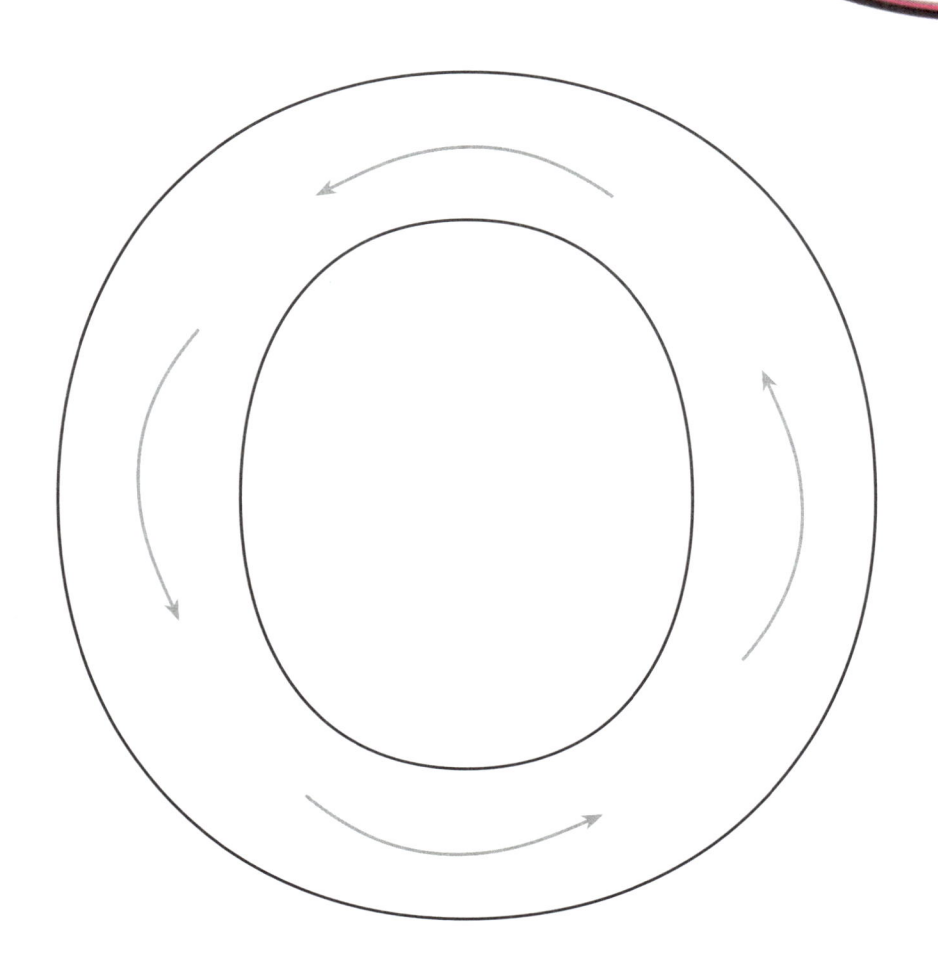

LIÇÃO 67

A PROFESSORA VAI LER O NOME DE CADA FIGURA.
PINTE AS FIGURAS QUE TÊM O NOME INICIADO PELA LETRA **O**.

OVELHA

ARARA

ÔNIBUS

OVO

LIÇÃO 68

FALE O NOME DAS FIGURAS. DEPOIS, LIGUE À LETRA **O** AS FIGURAS QUE TÊM O NOME INICIADO COM O SOM DESSA LETRA.

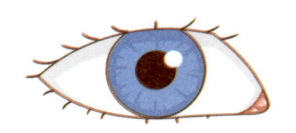

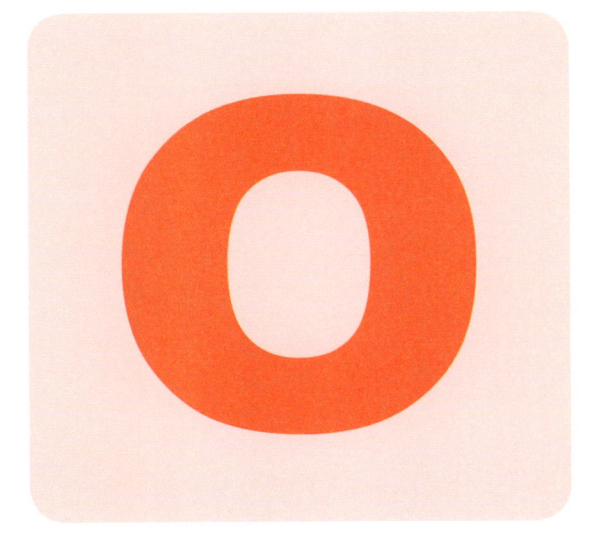

O

72

LIÇÃO 69

FALE O NOME DE CADA FIGURA. DEPOIS, PINTE AS LETRAS **O**.

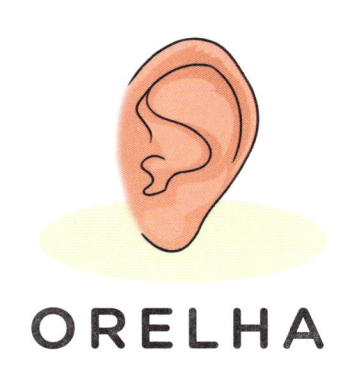

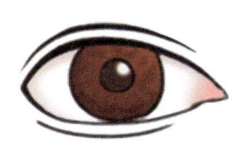

ÓCULOS

OLÍVIA

ORELHA

ONÇA

OLHO

OTÁVIO

LIÇÃO 70

FALE O NOME DE CADA FIGURA.

CIRCULE A FIGURA QUE TEM O NOME INICIADO PELA LETRA **O**.

SOPA

COLA

ÔNIBUS

ÁRVORE

74

LIÇÃO 71

LIGUE A FIGURA DO OVO ÀS LETRAS **O** DA PALAVRA.
DEPOIS, PINTE O OVO.

| O | V | O |

LIÇÃO 72

OBSERVE A CENA E FALE O NOME DOS OBJETOS.
PINTE OS OBJETOS QUE TÊM O NOME INICIADO PELA LETRA **O**.

LIÇÃO 73

PESQUISE E COLE PALAVRAS INICIADAS PELA LETRA O.

LIÇÃO 74

PINTE DE AMARELO OS ESPAÇOS EM QUE ESTÁ ESCRITA A LETRA **O**. DESCUBRA A FIGURA ESCONDIDA.

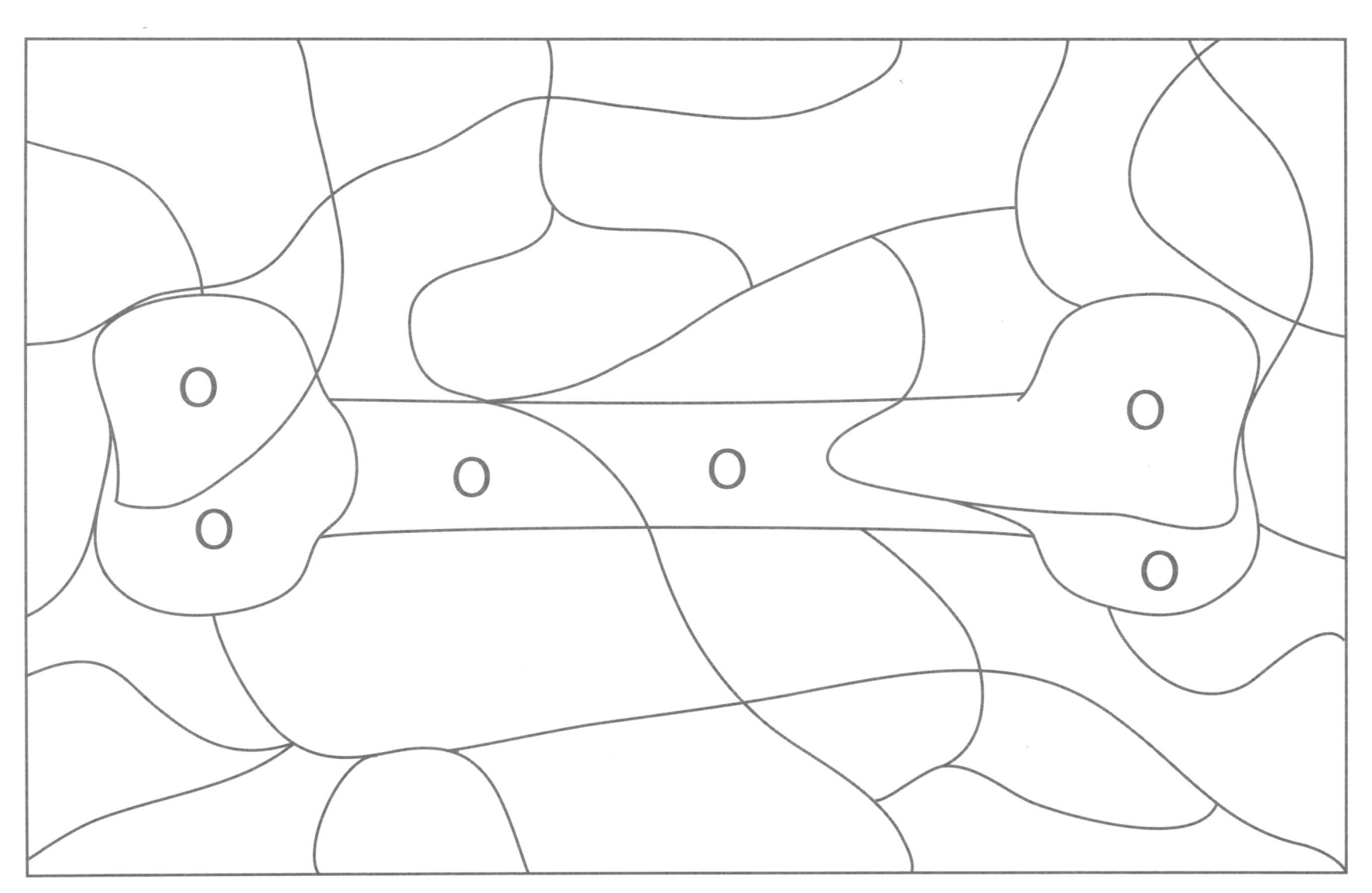

LIÇÃO 75

PINTE DE AZUL OS BALÕES COM A LETRA **A**.

PINTE DE VERMELHO OS BALÕES COM A LETRA **O**.

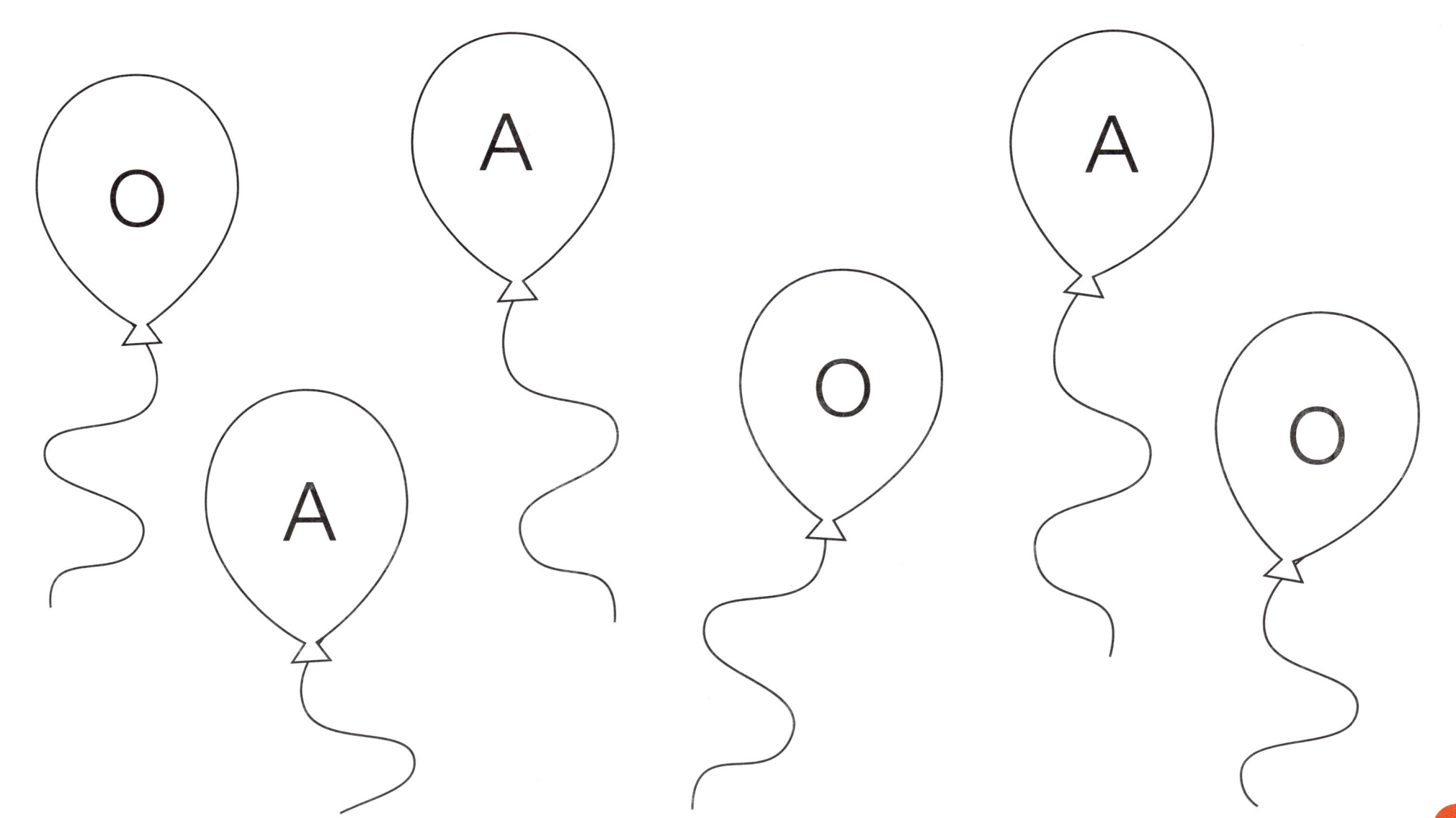

LIÇÃO 76

CUBRA O TRACEJADO DA LETRA O.
DEPOIS, ESCREVA LIVREMENTE ESSA LETRA NO ESPAÇO ABAIXO.

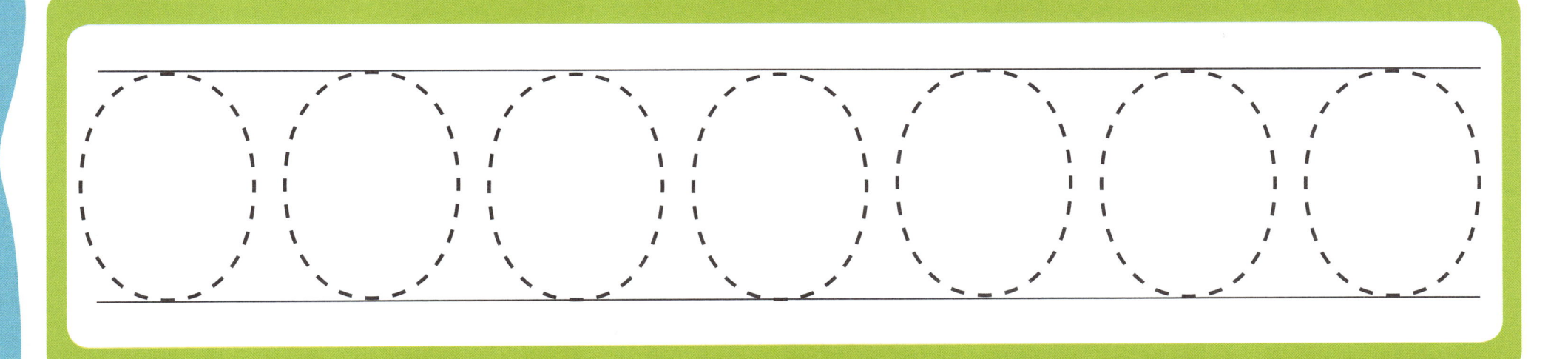

LIÇÃO 77

ESCREVA LIVREMENTE A VOGAL O.

LIÇÃO 78

LETRA U

PASSE O DEDO NA LETRA **U**, DE ACORDO COM A INDICAÇÃO DAS SETAS.

PINTE A LETRA **U**.

URUBU

URUBU NA VALETA
DE GUARDA-CHUVA E MALETA.

URUBU NA LAVOURA
DE BOTINA E VASSOURA.

URUBU NA ESCOLA
DÁ LIÇÕES DE VIOLA.

CYRO DE MATTOS. *O MENINO CAMELÔ*. SÃO PAULO: ATUAL, 2004.

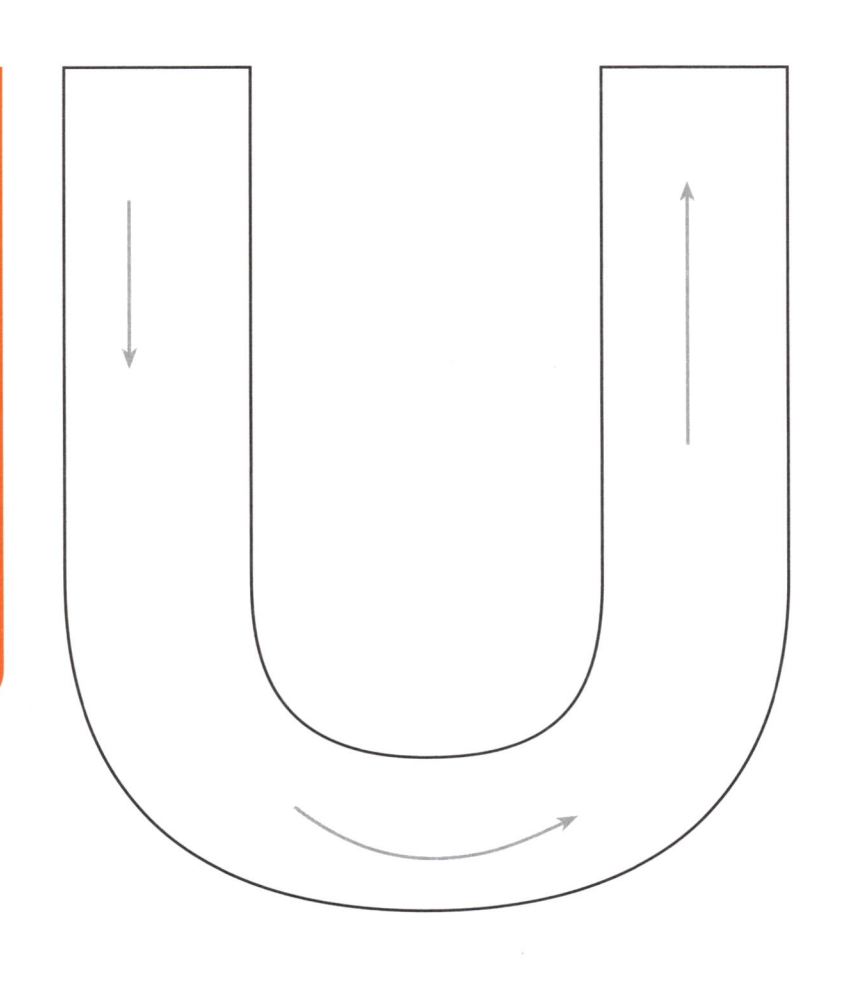

JMARTI20/PIXABAY

82

LIÇÃO 79

FALE O NOME DAS FIGURAS. LIGUE À LETRA **U** AS FIGURAS QUE TÊM O NOME INICIADO COM O SOM DESSA LETRA.

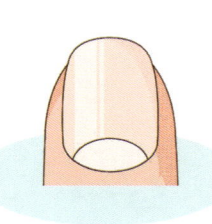

LIÇÃO 80

A PROFESSORA VAI LER O NOME DE CADA FIGURA.
PINTE A FIGURA QUE TEM O NOME INICIADO PELA LETRA **U**.

BANANA

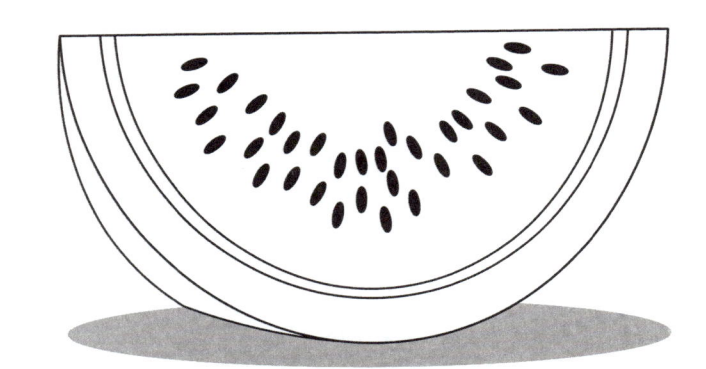

MELANCIA

UVAS

ABACAXI

LIÇÃO 81

LEIA O NOME DAS FIGURAS COM A PROFESSORA.
PINTE A LETRA **U** NAS PALAVRAS.

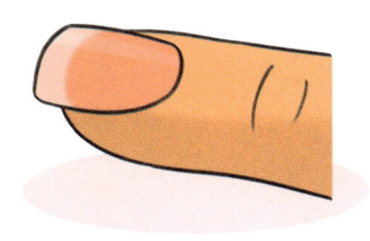

UNHA

URUBU

URSINHO

ULISSES

LIÇÃO 82

FALE O NOME DE CADA ANIMAL.

CIRCULE O ANIMAL QUE TEM O NOME INICIADO PELA LETRA **U**.

ILUSTRAÇÕES: IMAGINÁRIO STUDIO

TUCANO

PAPAGAIO

URSO

QUATI

LIÇÃO 83

DESCUBRA A FIGURA QUE APARECE MAIS VEZES NO QUADRO E PINTE OS QUADRINHOS QUE ESTÃO AO LADO DELA.

URUBU	URSO DE PELÚCIA	UNHA
URSO DE PELÚCIA	URUBU	UNHA
UNHA	URSO DE PELÚCIA	URSO DE PELÚCIA

ILUSTRAÇÕES: EUNICE/CONEXÃO

LIÇÃO 84

PINTE OS ESPAÇOS ONDE ESTÁ ESCRITA A LETRA **U**.
DESCUBRA A FIGURA ESCONDIDA.

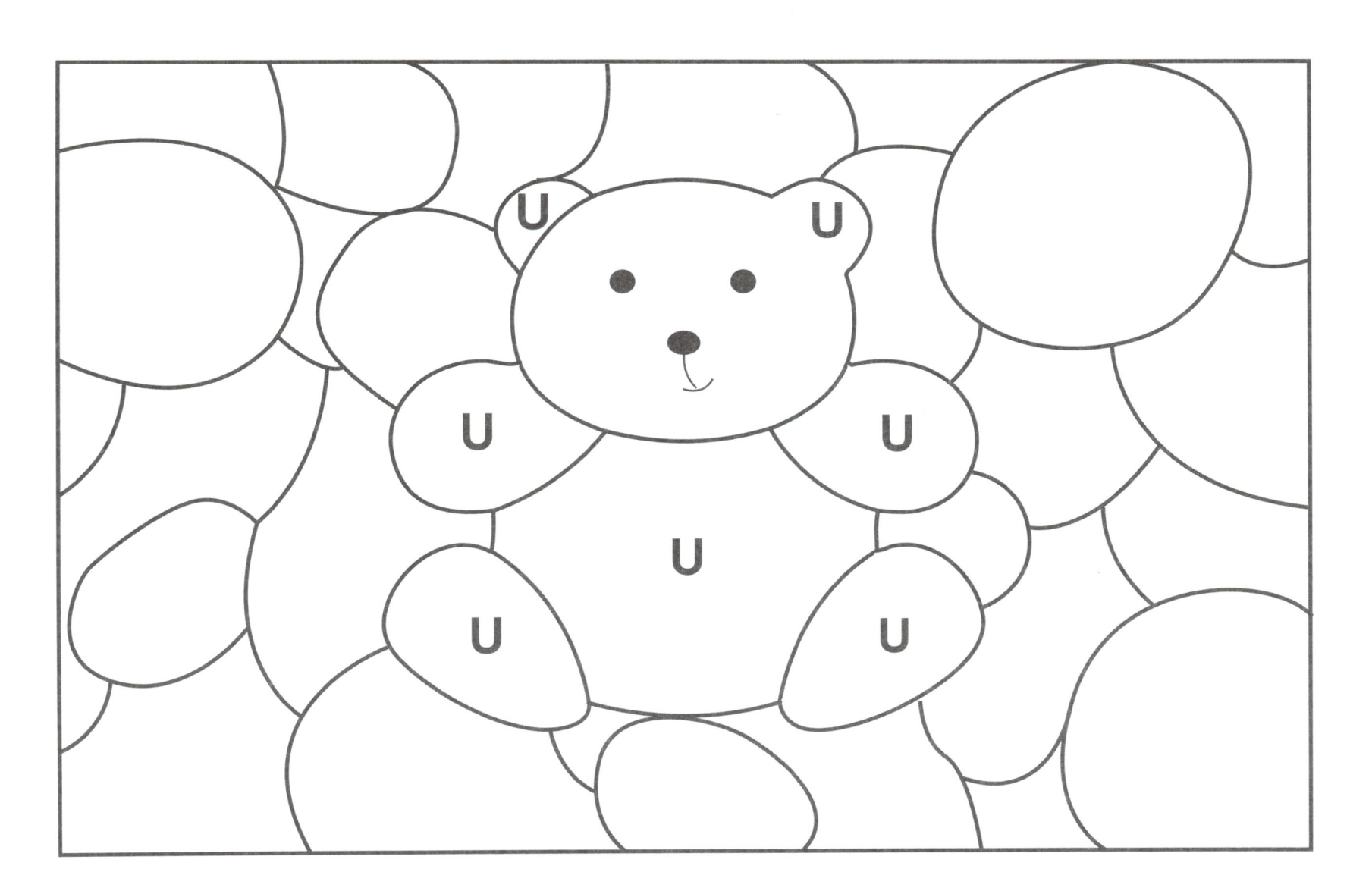

LIÇÃO 85

LIGUE A FIGURA DO URUBU ÀS LETRAS **U** DA PALAVRA. DEPOIS, PINTE O URUBU.

| U | R | U | B | U |

LIÇÃO 86

CIRCULE EM CADA COLUNA AS FIGURAS QUE TÊM O NOME INICIADO PELA LETRA EM DESTAQUE.

| A | E | I | O | U |

LIÇÃO 87

PESQUISE E COLE PALAVRAS INICIADAS PELA LETRA U.

LIÇÃO 88

CUBRA O TRACEJADO DA LETRA **U**.

DEPOIS, ESCREVA LIVREMENTE ESSA LETRA NO ESPAÇO ABAIXO.

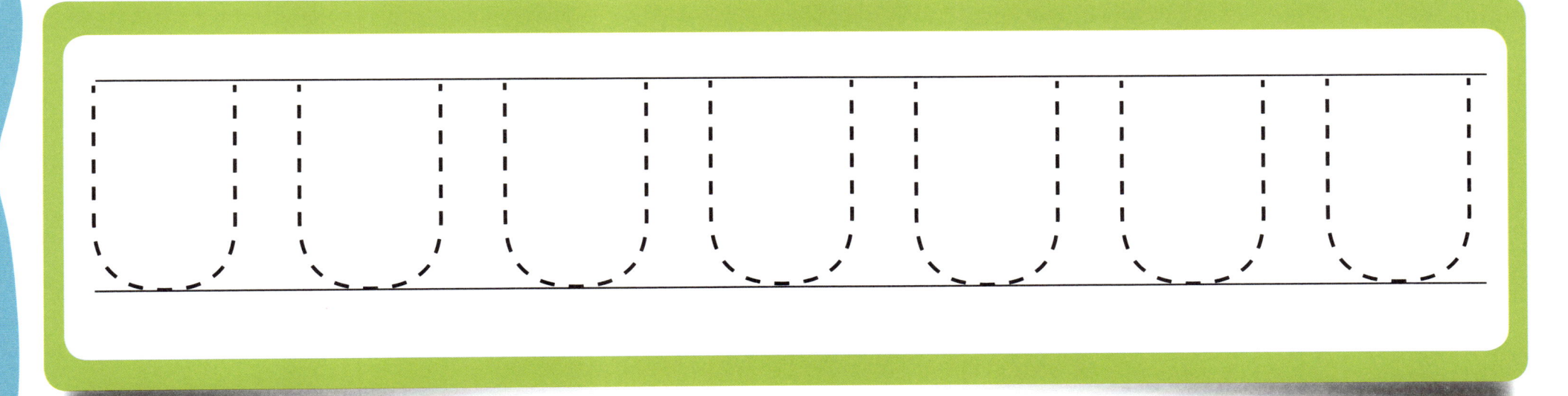

LIÇÃO 89

ESCREVA LIVREMENTE A VOGAL **U**.

LIÇÃO 90

PINTE A LETRA INICIAL DO NOME DE CADA FIGURA.

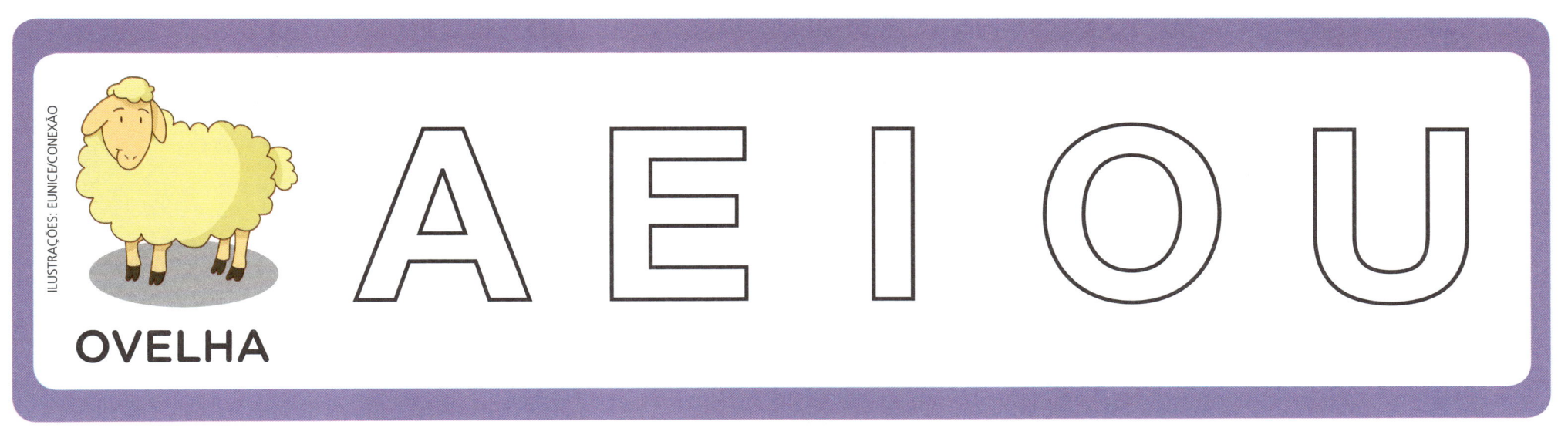

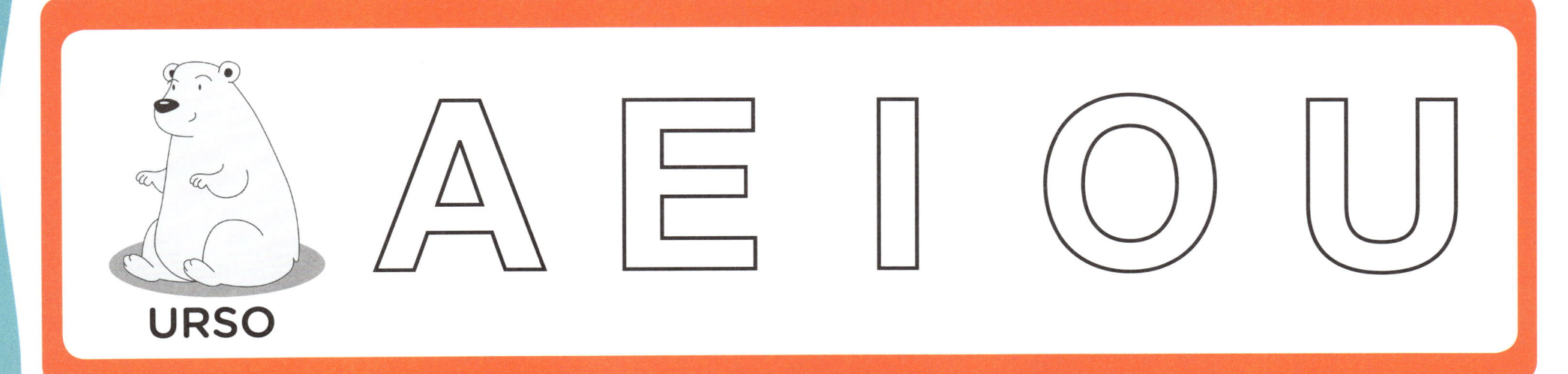

OVELHA A E I O U

URSO A E I O U

LIÇÃO 91

ESCREVA SEU NOME. COPIE DO SEU CRACHÁ.
COLOQUE CADA LETRA EM UM QUADRINHO.

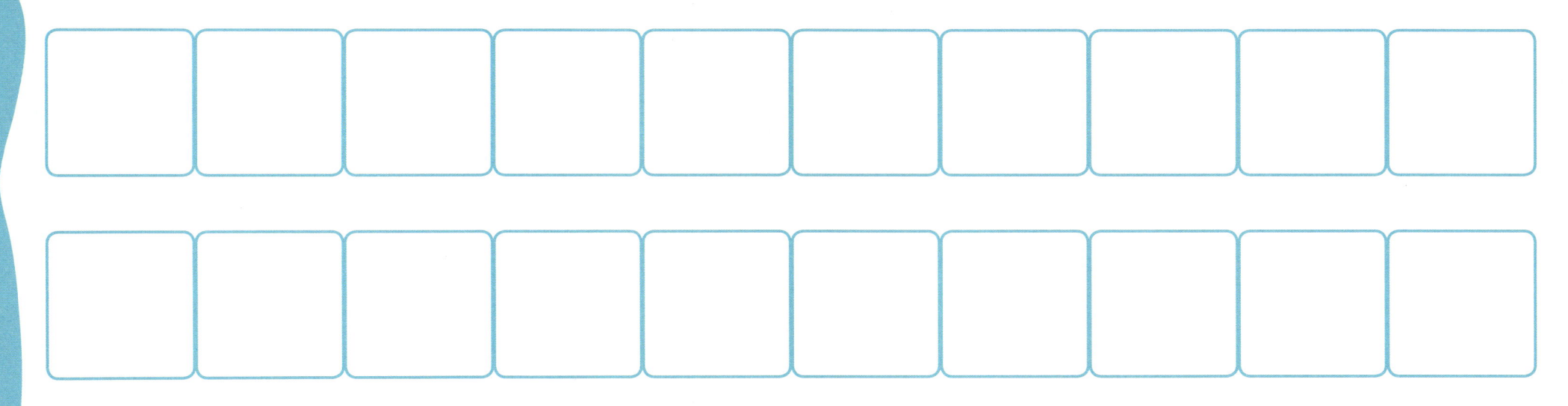

ESCREVA NO QUADRINHO:

A ÚLTIMA LETRA DO SEU NOME

A PRIMEIRA LETRA DO SEU NOME

LIÇÃO 92

OBSERVE O ALFABETO.

ENCONTRE E PINTE AS LETRAS QUE FORMAM SEU NOME.

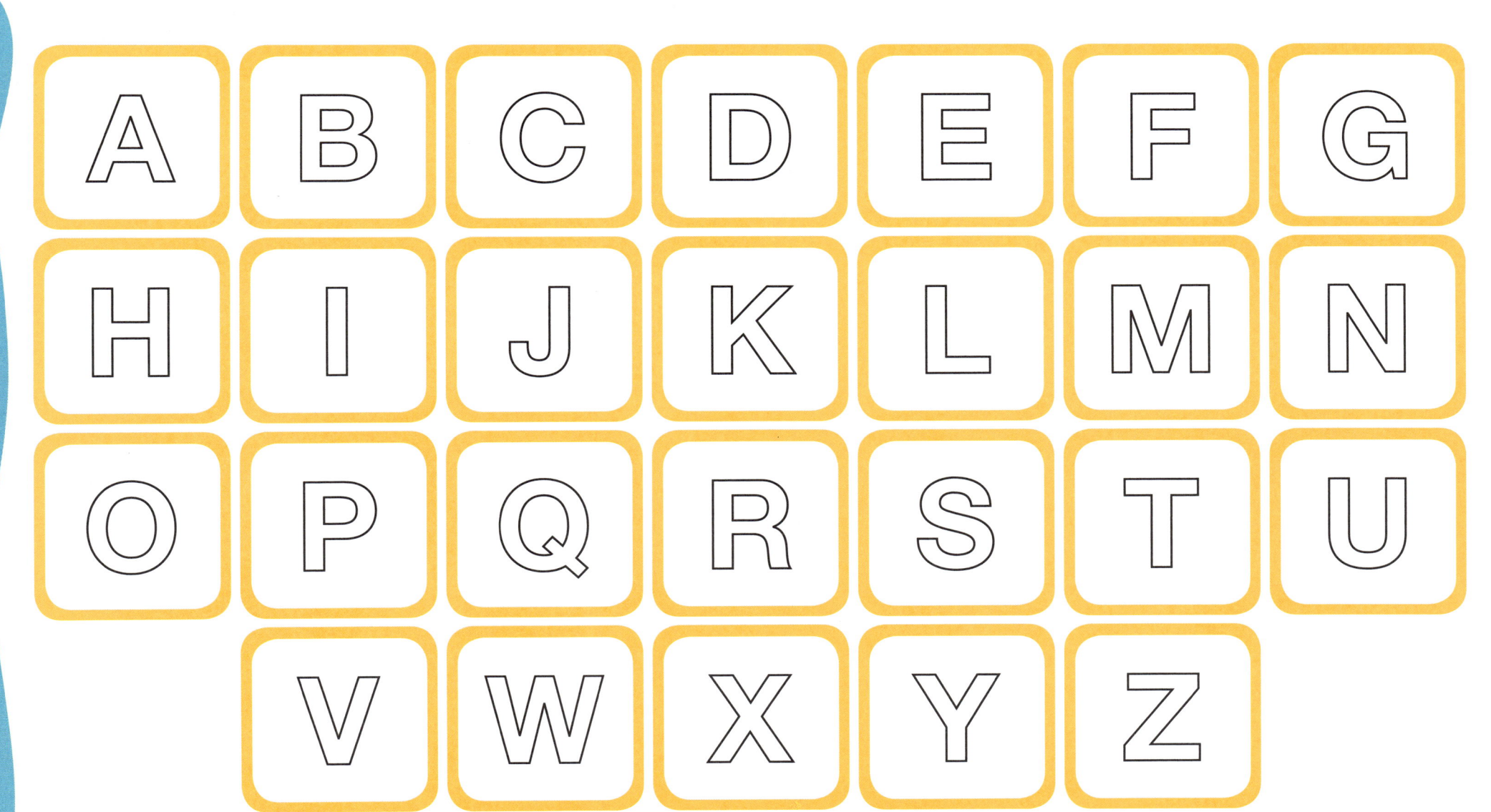

A	B	C	D	E	F	G
H	I	J	K	L	M	N
O	P	Q	R	S	T	U
	V	W	X	Y	Z	

LIÇÃO 93

COM A AJUDA DE UM ADULTO, PESQUISE DUAS FIGURAS PARA COLAR AQUI. O NOME DAS FIGURAS DEVE COMEÇAR COM A MESMA LETRA DO SEU NOME.

LIÇÃO 94

OUÇA A LEITURA QUE A PROFESSORA VAI FAZER. CIRCULE AS FIGURAS QUE COMEÇAM COM O MESMO SOM DE **ANEL** E DE **ESTRELA**.

| ANEL | ABACAXI | NAVIO | CAVALO |

| ESTRELA | PERA | ESQUILO | MESA |

LIÇÃO 95

OUÇA A LEITURA QUE A PROFESSORA VAI FAZER. CIRCULE AS FIGURAS QUE COMEÇAM COM O MESMO SOM DE **OVELHA** E DE **UVAS**.

| OVELHA | PERA | CACHORRO | ÔNIBUS |

| UVAS | SUCO | URUBU | NUVEM |

LIÇÃO 96

COLE OS ANIMAIS AO LADO DA LETRA INICIAL DO NOME DELES.
USE OS ADESIVOS DA PÁGINA 117.

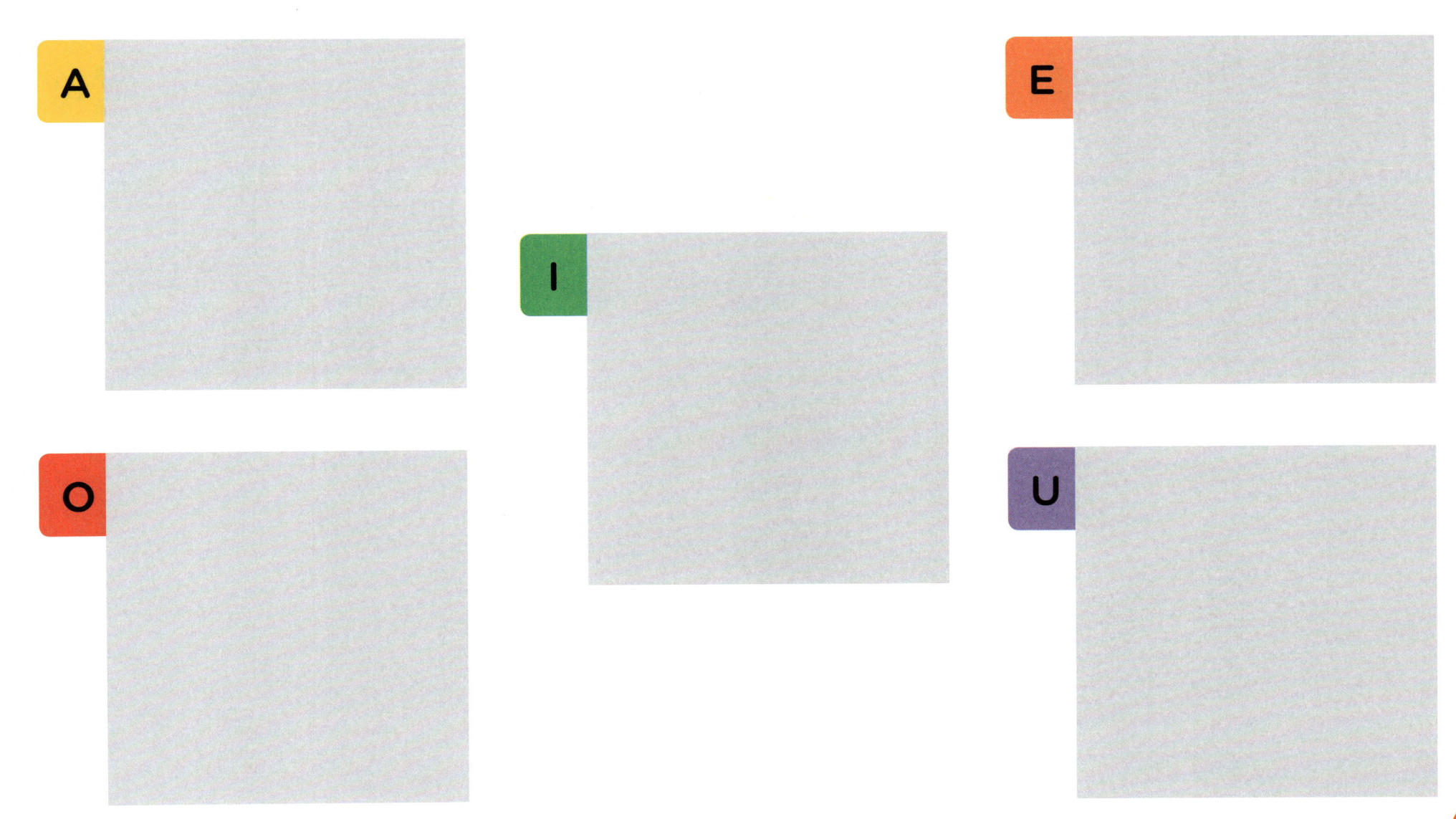

A

E

I

O

U

LIÇÃO 97

COMPLETE AS PEÇAS DO JOGO COM LETRAS IGUAIS ÀS ANTERIORES.

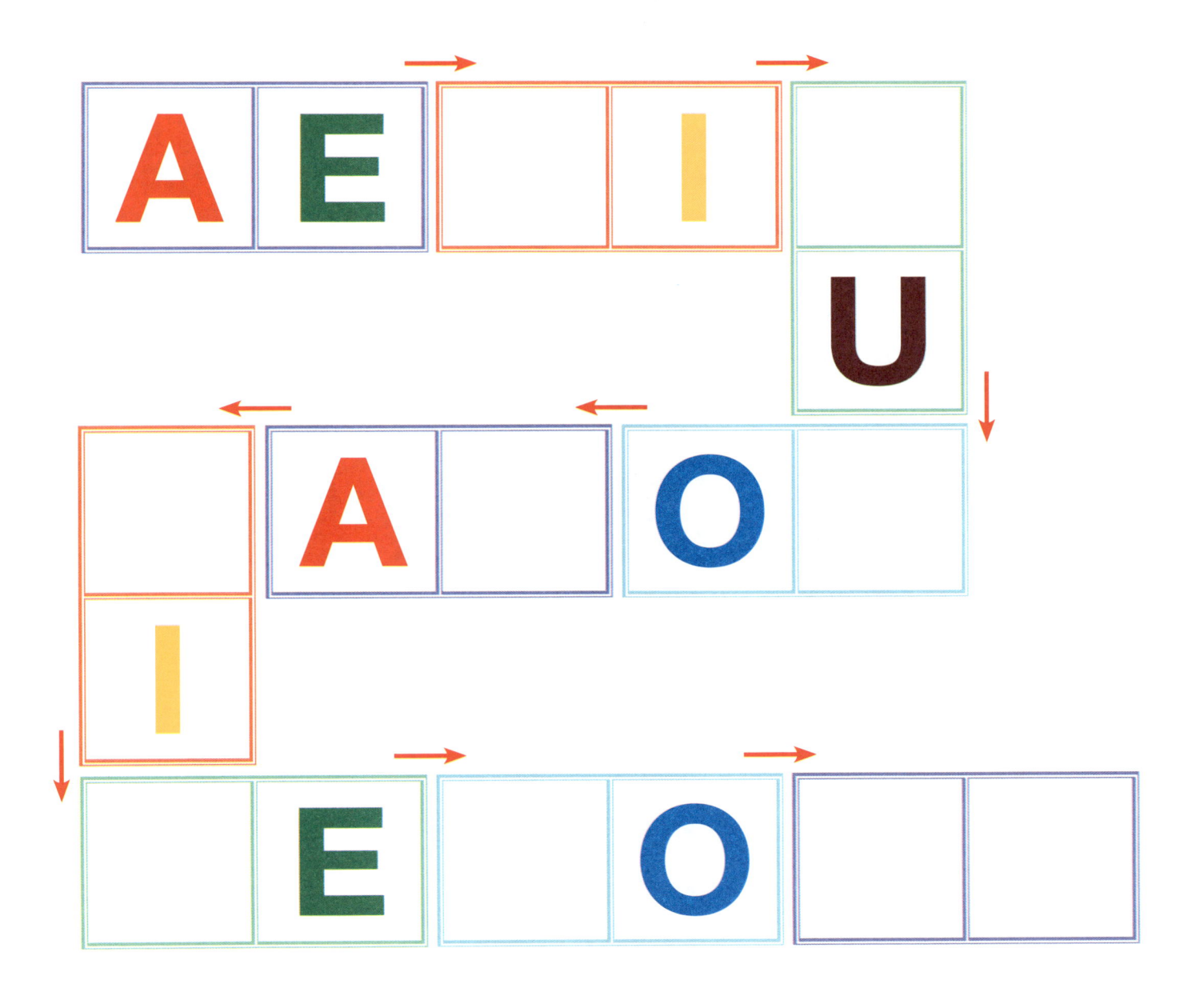

LIÇÃO 98

FAÇA UM DESENHO PARA REPRESENTAR CADA PALAVRA QUE A PROFESSORA VAI LER.

AMOR

AMIZADE

LIÇÃO 99

COLE OS ADESIVOS DA PÁGINA 118 NA ORDEM DOS ACONTECIMENTOS.

1

2

3

LIÇÃO 100

FAÇA UM DESENHO DO QUE VOCÊ MAIS GOSTOU DE APRENDER ESTE ANO.

ALMANAQUE

CRACHÁ

COLAR FOTO 3 × 4

ALMANAQUE

Parte integrante da coleção **Eu gosto m@is** – Educação Infantil – Linguagem – volume 1 – IBEP.

ENCAIXE DE VOGAIS

A — ABACAXI

E — ELEFANTE

I — IGUANA

O — OVELHA

U — URSO

JOGO DA MEMÓRIA DAS VOGAIS

ALMANAQUE

108

Parte integrante da coleção **Eu gosto m@is** – Educação Infantil – Linguagem – volume 1 – IBEP.

JOGO DA MEMÓRIA DAS VOGAIS

ALMANAQUE

109
Parte integrante da coleção **Eu gosto m@is** – Educação Infantil – Linguagem – volume 1 – IBEP.

ALMANAQUE

Parte integrante da coleção **Eu gosto m@is** – Educação Infantil – Linguagem – volume 1 – IBEP.

ALMANAQUE

Parte integrante da coleção **Eu gosto m@is** – Educação Infantil – Linguagem – volume 1 – IBEP.

ALMANAQUE

112

Parte integrante da coleção **Eu gosto m@is** – Educação Infantil – Linguagem – volume 1 – IBEP.

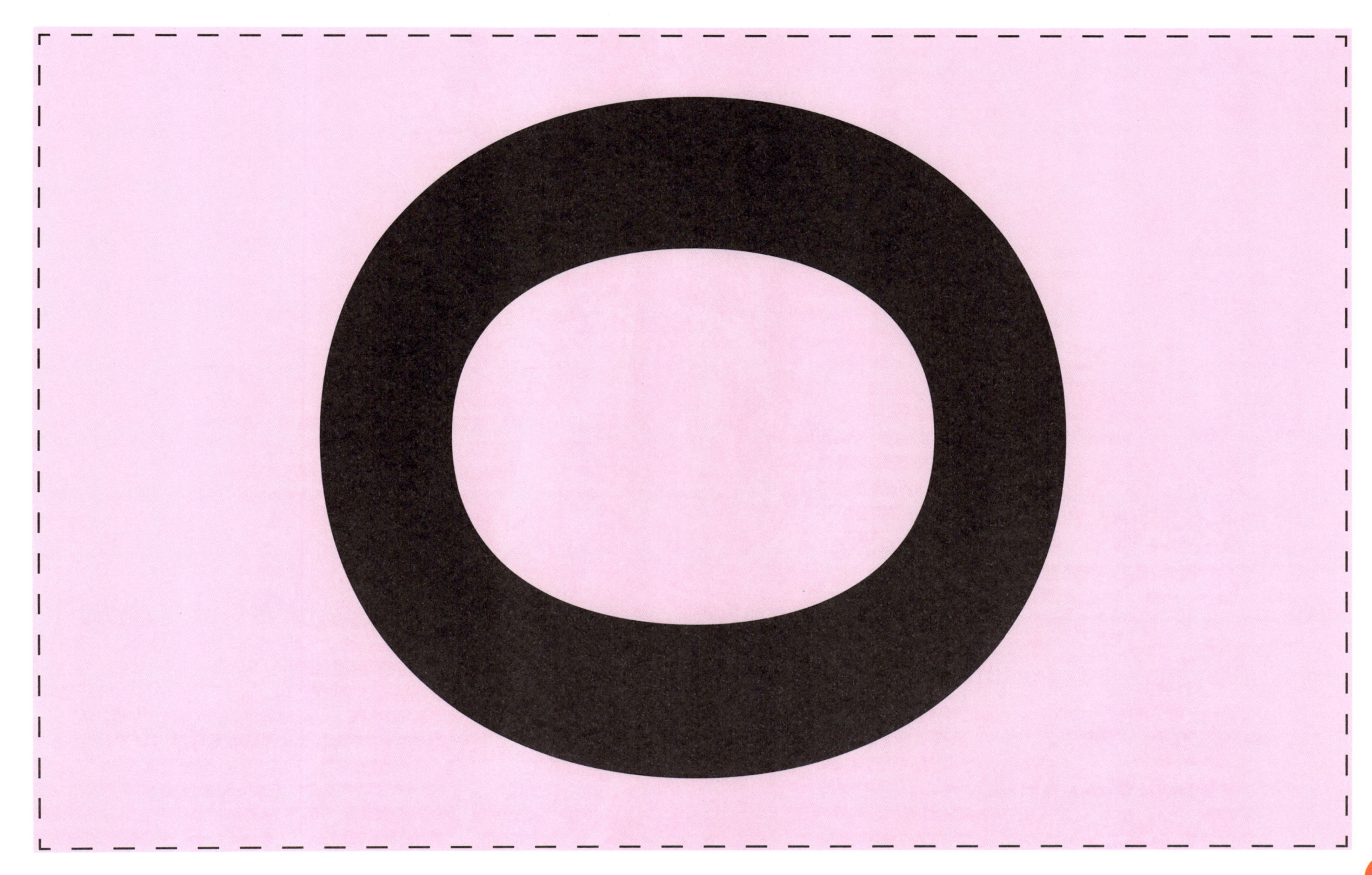

ALMANAQUE

Parte integrante da coleção **Eu gosto m@is** – Educação Infantil – Linguagem – volume 1 – IBEP.

ALMANAQUE

114

Parte integrante da coleção **Eu gosto m@is** – Educação Infantil – Linguagem – volume 1 – IBEP.

LIÇÃO 18 • PÁGINA 22

LIÇÃO 39 • PÁGINA 43

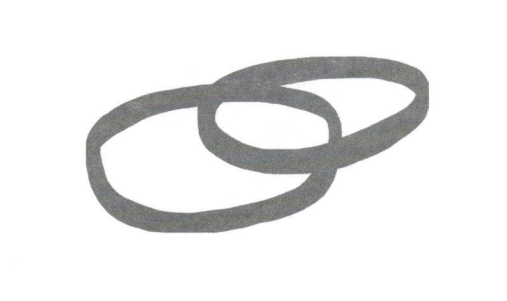

ADESIVOS

Parte integrante da coleção **Eu gosto m@is** – Educação Infantil – Linguagem – volume 1 – IBEP.

LIÇÃO 45 • PÁGINA 49

LIÇÃO 96 • PÁGINA 100

ADESIVOS

Parte integrante da coleção **Eu gosto m@is** – Educação Infantil – Linguagem – volume 1 – IBEP.

LIÇÃO 99 • PÁGINA 103

ADESIVOS

Parte integrante da coleção **Eu gosto m@is** – Educação Infantil – Linguagem – volume 1 – IBEP.